POLYGLOTT-REISEFÜHRER

Oberbayern
Östlicher Teil

Mit 51 Illustrationen sowie
15 Karten und Plänen

POLYGLOTT-VERLAG
MÜNCHEN

Herausgegeben von der Polyglott-Redaktion
Verfasser: Herbert Rosendorfer
Illustrationen: Karl Bauer-Oltsch
Karten und Pläne: Horst Auricht und Ferdinand Helm
Umschlag: Toni Blank

☆

Wir danken dem Fremdenverkehrsverband München-Oberbayern sowie den
städtischen Verkehrsbüros für ihre Unterstützung.

Ergänzende Anregungen, für die wir jederzeit dankbar sind,
bitten wir zu richten an:
Polyglott-Verlag, Redaktion, Postfach 40 11 20, 8000 München 40.

Alle Angaben (ohne Gewähr) nach dem Stand Juli 1983.

☆

Zeichenerklärung:

ⓘ Information

⇆ Eisenbahnverbindungen   ⇐ Autobusverbindungen

⇐ Schiffsverbindungen   ⚐ Bergbahnen

🏨 Erstklassige Hotels   🏨 Gute Hotels

⌂ Einfache Hotels, Gasthöfe und Pensionen

⚠ Jugendherbergen   ⚠ Campingplätze

▨ Hallenbäder   ⌐ Freibäder

Die im Text bei Sehenswürdigkeiten in eckige Klammern gesetzten
Ziffern decken sich mit den auf den jeweiligen Stadtplänen eingezeichneten.

Kilometerangaben hinter Ortsnamen zeigen die Entfernung vom Beginn der
Route aus an.

☆

12. Auflage · 1983/84
© 1967 by Polyglott-Verlag Dr. Bolte KG, München
Printed in Germany / Druckhaus Langenscheidt, Berlin / L,w. VIII. Zc.
ISBN 3-493-60603-6

Maria Gern und Watzmann

Land und Leute

Oberbayern, das beliebteste und meistbesuchte Feriengebiet Deutschlands, ist ethnologisch, historisch und kunsthistorisch eine Einheit. Wegen des Reichtums an Sehenswürdigkeiten und Urlaubsgebieten bringt die Polyglott-Reiseführer-Reihe das bayerische Alpen- und Voralpenland in zwei Bände aufgeteilt. Der allgemeine Teil aber behandelt in beiden Bänden ganz Oberbayern.

Lage, Größe und Grenzen

Oberbayern, der größte bayerische Regierungsbezirk, bedeckt eine Fläche von 17 530 qkm und hat 3,65 Millionen Einwohner. Das hier behandelte Gebiet ist die östliche Hälfte des Regierungsbezirks. Es umfaßt ganz oder teilweise die Landkreise Altötting, Berchtesgadener Land, Ebersberg, Erding, Miesbach, Mühldorf, München, Rosenheim und Traunstein. Im Süden und Osten grenzt unser Gebiet an Österreich, im Norden an den bayerischen Regierungsbezirk Niederbayern, im Westen schließt es an den im Polyglott-Reiseführer ,,Oberbayern West" behandelten Teil an.

Bodengestalt

Unser Gebiet ist ein Teil des Alpen- und Voralpenlandes. Am Südrand verlaufen die *Nördlichen Kalkalpen,* der nördlichste der drei bedeutendsten Ostalpenkämme.

Das von uns behandelte Gebiet umfaßt das *Bayerische Oberland, die Chiemgauer* und die *Salzburger* oder *Berchtesgadener Alpen.* Es sind Trias- und Tertiärformationen, die vor 200 bis 1 Millionen Jahren entstanden. Die besonders harten Wetterstein- und Dachsteinkalke bilden dabei die höchsten Erhebungen. Der *Watzmann* (2714 m) in den Berchtesgadener Alpen ist einer der höchsten Berge Deutschlands.

Das Voralpenland in seiner heutigen Gestalt entstand in der Eiszeit. Die Gletscher weiteten einerseits die tiefen Einschnitte ihrer Abflüsse und schoben andererseits große Schuttmassen, Moränen, weit ins Land hinaus. Dadurch wurde das reizvolle Hügelland geschaffen, das zum *Donautal* hin allmählich abfällt. In unserem Teil des Voralpenlandes wird es vom *Inn-* und *Salzachtal* durchzogen. Beide Täler haben stellenweise Steilufer.

Die nach der Eiszeit schmelzenden Gletscher fanden oft aus den Tälern oder zwischen den Endmoränen keinen genügenden Abfluß und bildeten die fjordartigen Alpenseen *(Königssee)* oder im flachen Land langsam versumpfende Seen *(Chiemsee).*

So bestimmt der reizvolle Wechsel von Alpenkämmen und bewaldeten Vorgebirgen, von Seen, Flußtälern und Hügelland den Charakter der oberbayerischen Landschaft.

3

Gewässer

Oberbayern liegt nördlich der Wasserscheide, die der mittlere Alpenhauptkamm bildet, das heißt alle Gewässer fließen in die *Donau* und damit in das *Schwarze Meer*.

Der größte Wasserlauf dieses Gebiets und gleichzeitig der bedeutendste und stärkste Nebenfluß der oberen Donau ist der *Inn*. Er entspringt in der *Schweiz*, fließt durch *Tirol*, wo er bei *Kufstein* den nördlichsten Alpenkamm durchbricht und in zunächst nördlicher Richtung in einem breiten, fruchtbaren Tal auf bayerisches Gebiet tritt. In einem weit ausholenden, sanften Bogen fließt er sodann nach Nordosten, etwa ab *Mühldorf* dann nach Osten. An der oberbayerisch-niederbayerischen Grenze, wenig südlich von *Braunau*, nimmt er seinen bedeutendsten Nebenfluß, die *Salzach*, auf. Dieser Wasserlauf kommt aus *Österreich* und bildet etwa ab *Freilassing* die deutsch-österreichische Grenze.

Neben diesen Hauptflüssen, die das hier behandelte Gebiet nicht nur geographisch, sondern auch wegen ihrer Bedeutung als Wasserwege geschichtlich und wirtschaftsgeschichtlich geformt haben, gibt es eine Fülle kleinerer Wasserläufe: die *Mangfall* ist der Abfluß des *Tegernsees* und des *Schliersees* und mündet bei *Rosenheim* in den *Inn*. Der *Chiemsee* hat als Abfluß die *Alz*, diese nimmt bei *Altenmarkt* die *Traun* auf und mündet dann unterhalb *Altöttings* in den Inn.

Berühmt wegen ihrer landschaftlichen Schönheit, aber auch wegen ihrer Bade- und Sportmöglichkeiten sind die oberbayerischen Seen. Zu ihnen gehören in dem von uns behandelten Gebiet *Chiemsee, Schliersee, Tegernsee, Simssee, Waginger See, Königssee* und dazu eine große Zahl kleinerer Seen.

Die oberbayerischen Flüsse verloren ihre Bedeutung als Verkehrsadern (z. B. für den Salztransport) schon vor langer Zeit. Nach entsprechenden Flußregulierungen wurden sie inzwischen mit zahlreichen Staustufen und Kraftwerken in den Dienst der Energiewirtschaft gestellt.

An den Ufern der Seen, die als natürliche Einschnitte in den seinerzeit das ganze Gebiet überziehenden Wäldern verstreut lagen, wurden die meisten Klöster gegründet (*Chiemsee, Tegernsee*). Von hier aus wurde die Kolonisation schrittweise vorangetrieben. Die Städte entstanden an den großen Flüssen (*Wasserburg, Mühldorf*) und wurden später Handels- und Verkehrszentren.

Klima

Das Klima wird von der besonderen Lage des Landes unmittelbar vor dem Nordrand der Alpen bestimmt. Die Niederschlagsmenge ist daher ziemlich hoch (in Extremfällen, etwa in *Berchtesgaden*, bis zu 200 cm im Jahr); die Niederschläge sind oft heftig und jäh.

Die Temperaturunterschiede zwischen Tag und Nacht sowie zwischen Sommer und Winter sind sehr groß. Aber auch innerhalb einer Jahreszeit schwankt die Temperatur oft stark. Bei anhaltenden Schlechtwetterperioden im Sommer werden die Temperaturen eines föhnwarmen Wintertages erreicht.

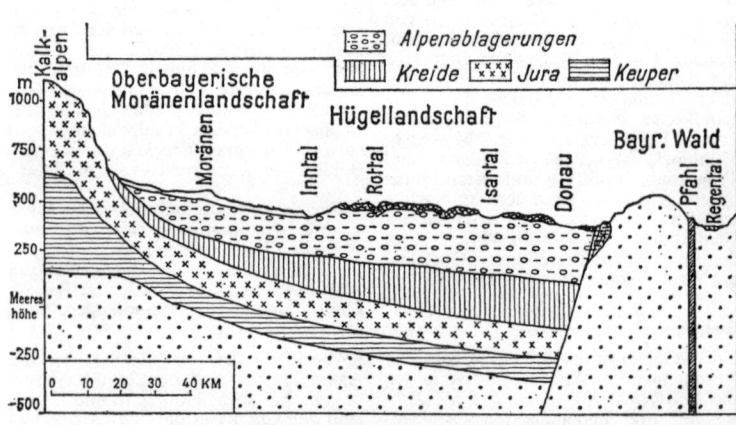

Geologischer Querschnitt von Süd nach Nord

Panoramakarte

Das berühmteste Klimaphänomen dieses Gebiets ist der *Föhn*, ein warmer Südwind, der bei einem Hoch am Alpensüdrand und einem Tief nördlich der Alpen entsteht. Der Antrieb dazu liegt am Südhang der Alpen, wo die Sonnenstrahlen mit hohem Einfallswinkel auftreffen. Dort steigt die warme Luft empor, kühlt sich ab, wird trocken und bildet auf dem Gebirgskamm eine Wolkenbank. Durch das Tief im nördlichen Alpenvorland wird die Luft vom Alpenkamm nach Norden angesaugt. Sie reibt sich in den engen Talfurchen, erwärmt sich und streicht als trockener Föhnwind durch die Täler über die Ebene bis zur Donau hin.

Der Föhn bewirkt einen plötzlichen Wetterumsturz, läßt den Schnee schmelzen und trocknet das Land aus. Bei Föhnwetter hat man eine wunderbare Fernsicht.

Flora und Fauna

Die alpine Pflanzenwelt zeichnet sich durch großen Artenreichtum aus. Der oberbayerische Wald ist fast ausschließlich Nadelwald, wobei die *Fichte* den Hauptanteil stellt. In der Gebirgsregion finden sich *Weißtanne*, *Bergahorn*, in der Krummholzregion bis zu 2000 m Höhe wächst die *Latsche*. Die Baumgrenze liegt bei etwa 1800 m. Höher hinauf reichen die alpinen Matten (Hochalmen). Sie sind mit Gräsern und niedrigem Strauchwerk bewachsen. *Mischwald* gibt es sehr wenig, vor allem in den breiten Tälern von Inn und Salzach.

Die Moorgebiete um den *Chiemsee* und das *Erdinger Moos* haben den dafür typischen Baumbestand (*Birken*, *Weiden*

u. a.). Die am häufigsten vertretenen Kulturpflanzen sind die verschiedenen Getreidearten.

Zahlreiche Alpenblumen, wie *Edelweiß*, blauer *Enzian*, *Trollblume*, *Alpenveilchen*, gelbe *Bergaurikel* und *Alpenrose* stehen unter Naturschutz.

Oberbayern ist zum Teil noch sehr wild- und fischreich. Das *Rotwild* lebt hauptsächlich in den Wäldern der tiefer gelegenen Bergtäler. *Gemsen* und wenige *Steinadlerpaare* finden sich in größeren Höhen. Im Voralpenland leben *Hasen*, *Wildschweine* und *Auerhähne* und namentlich im Inntal viele *Fasanen*. Wasservögel aller Art bevölkern die Moore und Schilfdickichte der fischreichen Seen. *Forelle*, *Renke*, *Saibling* und *Huchen* sind die häufigsten Fische der Gewässer des Gebiets.

Bevölkerung

Bis 1945 war das hier behandelte Gebiet nahezu ausschließlich von Angehörigen des bayerischen Stammes bewohnt. Nach dem Zweiten Weltkrieg fanden hier viele Vertriebene eine zweite Heimat.

Im ersten Viertel des 6. Jahrhunderts n. Chr. drangen die *Bajuwaren* aus Böhmen in das Gebiet vor und besiedelten es bis zu den Alpen. Das einzige, was über die Herkunft dieser Menschen etwas aussagt, ist ihr Stammesname: „Leute als Baiaheim", aus *Böhmen*. Wahrscheinlich handelt es sich bei den Einwanderern um ein Splittervolk der *Markomannen*, dem sich u. a. Volksreste der nordungarischen *Sueben*, der illyrischen *Osi*, der ostgermanischen *Rugier* oder *Skiren* hinzugesellt hatten.

In ihrer neuen Heimat stießen die Bajuwaren auf *keltische* Bauern und *römische* Siedler, die in die Menge der Hörigen und Halbfreien eingegliedert wurden. Siedlungsreste aus der Zeit vor der bajuwarischen Einwanderung fand man u. a. bei Ausgrabungen in Manching (südöstl. Ingolstadt).

Die Orte mit der Endung -ing künden von der frühesten bajuwarischen Besiedlung.

Siedlungsformen

Die Kultivierung des Landes begann meist um Klöster herum, die an Seen oder Wasserläufen lagen. Von hier aus erfolgte die Besiedlung einerseits ins flache Land hinaus, andererseits talaufwärts ins Gebirge. Dörfliche Siedlungen finden sich, wegen der Überschwemmungsgefahr, normalerweise nicht unmittelbar an Wasserläufen und in der Talsohle.

Während im flacheren Teil Oberbayerns der in Wohn- und Wirtschaftsgebäude aufgegliederte, mitunter zu einem vierekkigen Anwesen zusammengefaßte Bauernhof vorherrscht, gibt es im Oberland meist den typischen Alpenbauernhof, der als holzgedecktes, oft sogar zum Teil aus Holz gebautes Einheitsgebäude Wohnhaus, Scheune und Stall unter einem Dach vereinigt.

Die verhältnismäßig einheitliche Gestalt, die sich Oberbayern im Lauf der Geschichte bewahren konnte, führte zu einem gewissen Zentralismus, das heißt, mit dem Aufblühen Münchens, der Verlegung der herzoglichen Residenz dorthin, gewann die Stadt einen überragenden Einfluß auf das ganze Gebiet und

Bauernhaus in den Alpen

ließ keinen Platz für die Entwicklung anderer großer städtischer Siedlungen.

Alle städtischen Ansiedlungen des hier beschriebenen Gebiets verdanken die Bedeutung und den Reichtum, den sie früher gehabt haben, dem Salz, das sie entweder lagerten und transportierten oder gewannen. Mit dem Salz hängt die Wirtschaftsgeschichte dieses Gebiets sehr eng zusammen. Die Bedeutung des Salzes war so groß, weil es nicht nur Küchengewürz, sondern auch Medikament und Konservierungsmittel war.

Landwirtschaft

Der östliche Teil Oberbayerns ist ein ausgesprochenes Agrarland. Die Weidewirtschaft überwiegt den Getreideanbau. In höherer Lage kommen die Waldnutzung und die Alm- und Feldgraswirtschaft dazu. Die Forst- und Holzwirtschaft ist ein bedeutender Wirtschaftszweig dieses Gebiets; viele Menschen sind darin beschäftigt.

Bodenschätze

Auch heute noch ist die Salzgewinnung im Raum *Berchtesgaden–Reichenhall* bedeutend, obwohl die überragende Bedeutung des Salzes schon vor etwa hundert Jahren verlorenging.

Erdöl und Erdgas gibt es im Bereich von *Mühldorf*. Mit diesem Gas wird das ganze Gebiet bis nach München versorgt. Die oberbayerischen Braunkohlevorkommen haben nur noch geringe Rentabilität (*Werk Hausham* wurde stillgelegt).

Wirtschaft

Der Fremdenverkehr ist bereits der einträglichste Wirtschaftszweig. Zahllose Gasthäuser, Hotels und Pensionen, Geschäfte und gewerbliche Berufe finden darin ihr Auskommen. Viele Sommerfrischen und Luftkurorte sind in den letzten Jahren in diesem Gebiet zu den schon bestehenden Kurorten dazugekommen. Alle diese Erholungsplätze liegen besonders in der Umgebung der Seen, oder sie gehören zu den berühmten Gebirgsorten.

Industrie ist, abgesehen von *Rosenheim* und dem „Industriedreieck" *Waldkraiburg–Altötting–Burghausen*, nicht sehr viel vorhanden. Bemerkenswert ist das gelungene Experiment *Traunreut*, eine fast ausschließlich mit Vertriebenen besiedelte Neugründung, die inzwischen etwa 12 000 Einwohner hat und vor allem von feinmechanischer Industrie lebt.

Die Oberbayern

Bevor man bayerischen Boden betritt, sollte man sich klarmachen, daß es den „Klischeebayern", wie man sich ihn mancherorts vorstellt, nicht gibt. Gewisse Züge, die man dem bayerischen Volksstamm zuschreibt, sind historisch, wie Eigensinn und Festhalten am Althergebrachten.

Die hervorragendsten Eigenschaften der oberbayerischen Bevölkerung sind ihre Lebensfreude, gepaart mit einem schlagfertigen, manchmal etwas derben Humor, ihre Spiel- und Sangesfreude (z. B. das „Komödispuin"), ihre oft ausgelassene Fröhlichkeit.

Stets hatte der Bayer einen großen Sinn für alle Kunst. Das zeigt sich in seiner ganzen Umwelt: die schön geschnitzten Balkone und Dachgesimse der Bauernhäuser, die häufig hübsch bemalt sind, und der kunstvoll geschmückte Hausrat fallen jedem Fremden sofort ins Auge. Seine idealen Ausdrucksbedingungen hat der Bayer in der Barockzeit gefunden. Innerhalb von wenigen Jahrzehnten wurde das Land von zahlreichen herrlichen Bauten von großer Vielfalt überzogen. Sie sind der beste Ausdruck bayerischer Art.

Oberbayerische Trachtengruppe

Religion

In Oberbayern paart sich tiefe Frömmigkeit mit großer Lebensfreude. Der größte Teil der Bevölkerung ist römisch-katholisch. Die ausgeprägte Religiosität tritt in allen Lebensbereichen zutage. In ihr wurzeln die meisten Sitten und Gebräuche, wie etwa die Leonhardi- und Georgiritte.

Dialekt

Die bayerische Mundart ist ein oberdeutscher Dialekt. Sie zeichnet sich durch großen Laut- und Wortreichtum (viele lautmalerische Worte) und durch zahlreiche Konjunktivformen aus.

Wie in allen oberdeutschen Mundarten bleiben auch im Bayerischen alte Doppelvokale wie *ie, ue, üe,* erhalten (*Füeß* = Füße). Die alten Formen *es* und *enk* (ihr, euch) werden heute noch gesprochen. Das hochdeutsche *a* klingt fast wie *o* (*wos* = was), das *ä* wie ein helles *a* (*Kas* = Käse). Das *n* verschwindet nach einem Vokal, der dafür stark nasal gesprochen wird (*Mo* = Mann, *hi* = hin).

Eine besondere Eigenart ist auch die eigentlich aus Bescheidenheit gebrauchte Bedingungsform. Wenn zum Beispiel ein Bayer seinen Weggefährten zur Rast auffordern möchte, sagt er: „Jetzt waar i miad" (jetzt wäre ich müde).

Brauchtum

Alte Bräuche und Sitten werden hier noch immer gepflegt. Die malerische Tracht wird auf dem Land, besonders an kirchlichen und weltlichen Festtagen, oft getragen. Kirchliche Feiertage werden festlich begangen (z. B. Chiemseer Fronleichnamsprozession).

Alte Bräuche wie das *Palmbaumtragen* am Palmsonntag, das *Pfingstschießen,* das *Buttenmandllaufen* am 1. und 2. Adventssonntag, das *Klöcklsingen* im Advent, das *Herbergsuchen,* das *Christkindlanläuten* acht Tage vor Weihnachten, das *Weihnachtsschießen* und das *Sternsingen* am Heiligendreikönigstag sind an vielen Orten noch lebendig.

Andere Orte pflegen jährlich zur Fastenzeit das Theaterspielen. Zu den sehr farbigen Volksfesten (*Dult*) kommt die Bevölkerung von weither zusammen.

Das Bundesland Bayern

Der Freistaat *Bayern* ist der Bevölkerung nach das zweitgrößte, der Ausdehnung nach das größte Bundesland der *Bundesrepublik Deutschland.* Die bayerische Verfassung ist seit dem 2. Dezember 1946 in Kraft. Neben dem *Landtag* tritt beratend auch der *Senat* zusammen. Die Staatsregierung ist das oberste Organ der vollziehenden Gewalt des Freistaats und vertritt diesen im Bundesrat.

Geschichtlicher Überblick

Oberbayern

Um 1200 v. Chr. siedelten *Illyrer,* die aus Südosteuropa gekommen waren, am Nordrand der Alpen.

Seit dem 5. Jahrhundert v. Chr. wanderten *Kelten* vom Westen her in das Alpenvorland ein.

15 v. Chr. Die *Römer* unterwerfen das von keltischen Stämmen bewohnte Land. Es wird den Provinzen *Raetia* und *Noricum* zugeordnet.

Um 500 n. Chr. Nach kurzer *ostgotischer* Herrschaft beginnt die Besiedlung durch die *Bajuwaren.* Das junge Stammesherzogtum umfaßt außer dem Gebiet des heutigen Bayern fast ganz Österreich, außerdem Südtirol, Teile Norditaliens und reicht bis zur Adria.

590 *Garibald I.* stirbt. Er war der erste bayerische Herzog aus dem Geschlecht der *Agilolfinger,* der den Grundstein für die Freundschaft mit dem langobardischen Königreich legte, das in Italien die Nachfolge des Ostgotenreichs angetreten hatte.

Im 7. Jahrhundert begann unter fränkischem Einfluß die *Christianisierung* des Landes.

740 *Bonifatius,* der ,,Apostel der Deutschen", gründet das *Bistum Freising.*

788 *Tassilo III.,* der letzte Herzog aus dem Haus der Agilolfinger, wird von *Karl dem Großen* abgesetzt. Bayern wird Provinz des karolingischen Reichs.

912 Nach dem Tod des letzten Karolingers stärkt *Herzog Arnulf* das bayerische Stammesherzogtum.

955 Nach dem Sieg auf dem *Lechfeld* über die *Ungarn* gewinnt Bayern dank der Arbeit der aufblühenden Klöster an Reichtum und Bedeutung. Die sächsischen Kaiser bringen das Land an sich.

1002 *Herzog Heinrich IV.,* der Heilige, wird Deutscher König und Römischer Kaiser (*Heinrich II.*).

1070 Das Herzogtum Bayern fällt an die *Welfen.*

1158 *Heinrich der Löwe* gründet München.

1180 Nachdem Herzog Heinrich der Löwe Kaiser *Friedrich I. Barbarossa* die Heeresfolge versagt hatte und daraufhin abgesetzt worden war, wird Österreich von Bayern abgetrennt und zum eigenen Herzogtum erhoben. *Otto von Wittelsbach* wird zum Herzog von Bayern ernannt.

1214 Das *Haus Wittelsbach* erwirbt auf dem Erbweg das pfälzische Kurfürstentum und gewinnt durch die Liquidation des staufischen Reichs und das nachfolgende Interregnum erheblich an Macht. Gleichzeitig nimmt die Bedeutung des habsburgischen Reichs zu.

1314 Erster habsburgisch-wittelsbachischer Konflikt. Nach dem Tod Kaiser *Heinrichs VII.* werden mit gleicher Stimmenzahl *Herzog Ludwig IV. von Bayern* und *Herzog Friedrich von Österreich* gewählt.

1322 In der Schlacht bei *Mühldorf* bleibt *Ludwig* Sieger und erwirbt die Kaiserkrone, später Brandenburg, Holland und den Hennegau; aber diese Erwerbungen gehen bald wieder verloren. Seine Regierungszeit ist gekennzeichnet durch Streitigkeiten mit den Päpsten, die die Wahl Friedrichs unterstützt hatten.

1348 Die Söhne Kaiser Ludwigs teilen das Erbe; u. a. fällt das Land rechts des *Inns* und *Rosenheim* an die *Landshuter* Herzöge, das Gebiet links des *Inns* und *Wasserburg* an die in *München* residierenden Herzöge.

1363 Die alte bayerische Grafschaft *Tirol* geht durch das Testament der letzten Gräfin, *Margarete Maultasch,* an Österreich über.

1392 Teilung Bayerns in die Herzogtümer *Ingolstadt, München, Landshut.*

1472 *Herzog Ludwig der Reiche* gründet die Universität Ingolstadt.

1503 *Georg der Reiche,* der letzte Herzog von Landshut, stirbt, ohne Söhne zu hinterlassen. Um sein Erbe entbrennt 1504–05 der Landshuter Erbfolgekrieg.

1506 *Herzog Albrecht IV.* verordnet das Erstgeburtsrecht und bereitet dadurch den Landesteilungen ein Ende.

Im 16. Jahrhundert findet die *Reformation* in den Städten Bayerns ihre Anhänger. Die katholischen *Wittelsbacher* erweisen sich als entschiedene Gegner der protestantischen Kirche und erhalten in

Bayern durchweg den katholischen Glauben.

1555 Nach dem Augsburger Religionsfrieden erläßt *Herzog Albrecht V.* das Gesetz der ,,ausschließlichen Katholizität Bayerns".

1597−1651 *Herzog Maximilian I.* (seit 1623 *Kurfürst*) ist seit 1609 das Haupt der katholischen *Liga* und leitet von Bayern aus die Gegenreformation in Deutschland.

1618−48 Im *Dreißigjährigen Krieg* wird Bayern wiederholt schwer verwüstet und durch den Einmarsch der *Schweden* stark in Mitleidenschaft gezogen.

1628 Die *Oberpfalz* wird bayerisch.

1701−14 Da ein bayerischer Prinz Anwartschaft auf den spanischen Thron geltend machen kann, wird Bayern in den *Spanischen Erbfolgekrieg* verwickelt. *Kurfürst Max Emanuel* wird vertrieben, das Land von Österreich besetzt. 1705 kommt es zur ,,Sendlinger Mordweihnacht".

1742 Der Wittelsbacher *Karl VII. Albrecht* wird in Frankfurt zum deutsch-römischen Kaiser gewählt.

1745 *Kurfürst Maximilian III. Joseph* verzichtet nach Erbstreitigkeiten mit *Maria Theresia* zu Füssen auf Ansprüche in Österreich und widmet sich dem inneren Aufbau des Staates.

1777 Mit *Maximilian III. Joseph* stirbt der Mannesstamm der bayerischen Wittelsbacher aus. Der nachfolgende *Bayerische Erbfolgekrieg* gefährdet den Bestand des bayerischen Staates; das Innviertel fällt an Österreich. Die pfälzische Linie der Wittelsbacher tritt die Nachfolge an.

1800 Die Universität wird von *Ingolstadt* nach *Landshut* verlegt.

1803−15 Als Entschädigung für die an Frankreich abgetretenen linksrheinischen Gebiete erhält Bayern im *Reichsdeputationshauptschluß* und durch die Gebietsveränderungen der napoleonischen Zeit und des *Wiener Kongresses* die säkularisierten Bistümer *Würzburg, Bamberg, Augsburg, Freising, Passau, Eichstätt* sowie 15 Reichsstädte, u. a. *Kaufbeuren, Memmingen, Nördlingen, Dinkelsbühl, Rothenburg* und *Schweinfurt,* zugesprochen.

1805 Napoleon gewinnt die *Dreikaiserschlacht von Austerlitz.* Das verbündete Bayern erwirbt u. a. *Tirol, Vorarlberg,* Augsburg, Ansbach und das Gebiet um Lindau.

1806 Bayern wird Königreich.

1815 Bayern tritt dem *Deutschen Bund* bei.

1818 König *Maximilian I. Joseph* erläßt die bayerische Verfassung.

1826 König *Ludwig I.* verlegt die Universität von *Landshut* nach *München.*

1833 Bayern schließt sich dem *Deutschen Zollverein* an.

1848−64 Unter der Regierung *Maximilians II.* werden Kunst, Wissenschaft und Industrie gefördert.

1864−86 Unter König *Ludwig II.* nimmt Bayern an den Kriegen gegen *Preußen* (1866) und gegen *Frankreich* (1870/71) teil.

1871 Bayern tritt dem *Deutschen Reich* bei. Es erhält weitgehende Sonderrechte, u. a. eigene Auslandsvertretungen und eine selbständige Heeresverwaltung.

1886−1912 *Prinzregent Luitpold* führt nach dem Tod *Ludwigs II.* die Regierung.

1918 Der Revolutionär *Kurt Eisner* setzt König *Ludwig III.* ab und ruft die Republik aus. Damit endet die fast 800jährige Herrschaft des Hauses Wittelsbach.

1920 Nach dem verlorenen *Ersten Weltkrieg* kann Bayern – mit Ausnahme der Saarpfalz – seine Grenzen wahren und sogar um das Coburger Gebiet erweitern.

1924 Bayern schließt mit dem Heiligen Stuhl ein Konkordat ab, das bis in unsere heutige Zeit Geltung bewahrt hat.

1934 Bayern verliert zugunsten des Reichs sämtliche Hoheitsrechte.

1945 Nach dem verlorenen *Zweiten Weltkrieg* gehört Bayern zur amerikanischen Besatzungszone. Durch die Eisenhower-Proklamation wird Bayern als Staat wiederhergestellt.

1946 Die neue Verfassung des ,,Freistaates Bayern" wird vom Volk gebilligt. Im Dezember wird der christlich-soziale Politiker *Hans Ehard* zum Bayerischen Ministerpräsidenten gewählt.

1949 Bayern wird Bundesland der *Bundesrepublik Deutschland.*

1972 Die Region München erhält einen Verkehrsbund; durch die S-Bahn wird ein Teil Oberbayerns verkehrsmäßig besser erschlossen. In München wurden vom 26. August bis 11. September die XX. Olympischen Sommerspiele ausgetragen.

Kunst und Kultur

Das Gebiet zwischen Lech und Salzach ist altes Kulturland. Schon aus der Zeit *keltischer* und *römischer* Besiedlung sind uns künstlerisch hochwertige Gebrauchsgegenstände erhalten.

Eine eigenständige kulturelle Entwicklung der im 6. Jahrhundert eingewanderten Bajuwaren beginnt mit der Zeit der Christianisierung im 8. Jahrhundert. Die Kirche wird – mit den Bistümern *Salzburg, Freising* und *Chiemsee* als Zentren – der vorherrschende Kulturträger und hält diese Stellung bis ins 16. Jahrhundert. Dann tritt das Fürstentum, mit München als Residenz, in der Rolle des Mäzens gleichwertig neben die Kirche. Nach einer Zeit des Stillstands im *Dreißigjährigen Krieg* kommt es im späten 17. und vor allem im 18. Jahrhundert zu einer neuen Blüte des Kulturlebens.

Italienische Künstler bringen nach Bayern die Formenwelt des Barock. Da sie der bayerischen Mentalität entgegenkommt, wird sie begeistert aufgenommen und zu einer eigenständigen Kultur umgewandelt, die alle Bereiche, Kunst, Musik und Literatur, höfisches und bäuerliches Leben, umfaßt. Dieser in sich geschlossene Lebensraum wird von der Aufklärung nie ganz zerstört.

Im 19. Jahrhundert wird München zum kulturellen Mittelpunkt des Landes und erlebt durch die Kulturpolitik der bayerischen Könige Ludwig I. und Maximilian II. einen geistigen Aufschwung, der bis ins 20. Jahrhundert hinein fortwirkt.

Architektur

Von den Bauten der Romanik hat in Oberbayern nur wenig in ursprünglicher Form die Jahrhunderte überdauert. Der früheste Bau, der uns erhalten ist, die *Heilige Kapelle* in *Altötting*, stammt wahrscheinlich aus den ersten Jahrzehnten des 8. Jahrhunderts.

Von den Klostergründungen der agilolfingischen Zeit hat die Basilika des Klosters *Frauenchiemsee* (Anfang 9. Jh.) den frühromanischen Baubestand wohl am deutlichsten bewahrt. Für das 12. Jahrhundert ist im altbayerischen Raum der Typus der „Alpenländischen Basilika", eines geschlossenen dreischiffigen Baukörpers ohne Querhaus, charakteristisch. Er ist uns am reinsten in *St. Michael* in *Altenstadt* erhalten. Vom Baubestand frühgotischer Stadtanlagen wie *München, Weilheim* oder *Ingolstadt* ist in Oberbayern nur wenig mehr vorhanden.

Die Zeit der Spätgotik, das 14. und 15. Jahrhundert, wird zur eigentlichen Blütezeit gotischer Architektur in Bayern. In der weiträumigen Hallenkirche als Backstein findet sie ihre typische Ausprägung (*St. Martin in Landshut*, das *Liebfrauenmünster* in *Ingolstadt* und die *Frauenkirche* in *München*). Ihre großen Meister sind *Jörg Ganghofer* und *Hans Stethaimer*.

Die Spätgotik wirkt in Bayern bis ins 16. und 17. Jahrhundert hinein und läßt so die von Italien herkommende Renaissance nicht recht heimisch werden. In Oberbayern hat nur *München*, das sich im 16. Jahrhundert zur Residenzstadt der *Wittelsbacher* zu entfalten beginnt, bedeutende Bauten aus dieser Zeit aufzuweisen: die *Maximilianeische Residenz* (*Hans Krumper* und *Peter Candid*) und die *Michaelskirche* von *Friedrich Sustris*.

Der Barock, von der Formenwelt der Spätgotik präludiert, wird zum eigentlichen Stil Bayerns. Im Lauf weniger Jahrzehnte entsteht Ende des 17. Jahrhunderts eine Fülle von Neubauten. *Kurfürst Ferdinand Maria* gibt mit der Stiftung der *Theatinerkirche St. Kajetan* in München den Auftakt; Baumeister sind, wie fast durchweg in dieser ersten Phase des Barock, Italiener: *A. Barelli* und *E. Zuccalli*. Es folgen die Stiftskirche von *Weyarn*, die Klosterkirchen in *Tegernsee* und *Benediktbeuern*, die große Abteikirche *Fürstenfeld* und die Dreifaltigkeitskirche in München. Unter dem baufreudigen *Kurfürsten Max Emanuel* entstehen die großzügigen Schloßanlagen von *Schleißheim* (*J. Effner*) und *Nymphenburg* (*Viscardi, Effner*), das schon unter *Kurfürst Ferdinand Maria* von *Barelli* begonnen wurde.

Für den Kirchenbau des 18. Jahrhunderts wird in Bayern das Wirken der Baumeister *Egid Quirin* und *Cosmas Damian Asam* (Nepomukkirche in München, St. Maria Victoria in Ingolstadt), *Johann Michael Fischer* (St. Michael in Berg am Laim, Dießen, Rott am Inn, Altomünster) und *Dominikus Zimmermann* entscheidend. Mit der Wallfahrtskirche in der *Wies* bei Steingaden schuf Zimmermann ein Kunstwerk von Weltgeltung. Im Bereich der höfischen Kunst des 18. Jahrhunderts ist vor allem *François Cuvilliés* zu nennen, dessen intime Raumschöpfungen von höchster Eleganz (Altes Residenztheater, „Reiche Zimmer" der

Residenz und Amalienburg in München) den Begriff des „bayerischen Rokoko" entscheidend prägen.

Das 19. Jahrhundert bringt neue Bauaufgaben, die vor allem in München verwirklicht werden: Straßen- und Platzschöpfungen, wie *Ludwigstraße, Maximilianstraße* und *Königsplatz*, Anlage des *Englischen Gartens*, Errichtung von Museen und Theatern, wie der *Glyptothek* und des *Nationaltheaters.* Die Kunstideen der Romantik finden ihren Ausdruck in den Königsschlössern *Ludwigs II., Herrenchiemsee, Neuschwanstein* und *Linderhof.* Das *Deutsche Museum* und die *Alte Technische Hochschule* in München sind typisch für die Baugesinnung der Jahrhundertwende.

Plastik und Malerei

Die bedeutendsten uns erhaltenen Beispiele romanischer Malerei sind die Fresken von *Frauenchiemsee* und *Urschalling* (Chiemsee) und die Buchmalereien von

Romanische Fresken in Frauenchiemsee

Salzburg (12. Jh.). Von der Plastik des 12. Jahrhunderts sind die Reliefbilder von Kaiser *Barbarossa* und seiner Gemahlin *Beatrix* aus dem Freisinger Dom und die berühmte „Bestiensäule", die Mittelsäule der Freisinger Domkrypta, zu nennen. Aus der Zeit um 1200 sind uns zwei bedeutende Kruzifixe erhalten, der „Große Gott von Altenstadt" und der *Christus von Forstenried.*

Die gotische Malerei erreicht ihren Höhepunkt in den Tafelbildern: Hauptwerke sind der *Pähler Altar* (Mitte 14. Jh.) und die Werke von *Gabriel Mälesskircher, Gabriel Angler* und *Jan Polack.* Berühmte Beispiele gotischer Glasmalerei sind in der Frauenkirche in München *(Peter Hemmel von Andlau)*, der Lieb-

frauenkirche in Ingolstadt *(Hans Wertinger)* und der Tillykapelle in Altötting *(Hans Gonbaumer)* zu finden.

Die Plastik der Zeit um 1400 repräsentieren am besten die „Schönen Madonnen" *(Muttergottes von Seeon;* im Bayerischen Nationalmuseum, München), die der Spätzeit die Werke von *Erasmus Grasser* (Moriskentänzer) und dem größten Bildhauer Altbayerns an der Wende von der Spätgotik zur Renaissance, *Hans Leinberger* (Moosburger Altar).

Die bedeutendsten Bildhauer der Renaissance in Oberbayern sind *Hans Krumper* („Patrona Bavariae") und *Hubert Gerhard* (Mariensäule in München); die hervorragendsten Maler *Peter Candid, Hans Mielich* und *Christoph Schwarz.*

Das 18. Jahrhundert ist die Glanzzeit bayerischer Kunsttätigkeit. Aus den vielen Bildhauer-, Maler- und Stukkateurfamilien und -schulen seien nur die berühmtesten Meister genannt: *I. Günther, J. B. Straub, J. M. Feichtmayr, F. X. Schmädl, R. A. Boss, die Wessobrunner, E. Q. Asam, die Brüder Zimmermann* und *F. Cuvilliés* unter den Bildhauern und Stukkateuren, von den Malern und Freskanten C. D. *Asam, M. Günther, J. G. Bergmüller, J. E. Holzer, J. J. Zeiller, M. Knoller, J. Schöpf* und *Chr. Wink.* Ihre Leistungen trugen dazu bei, die Gesamtkunstwerke des oberbayerischen Barock und Rokoko zu einem kunsthistorischen Phänomen von Weltgeltung zu machen.

Das 19. Jahrhundert pflegt besonders die Malerei: Historienmalerei *(P. Cornelius, J. Schnorr v. Carolsfeld)*, Genrebild *(C. Spitzweg, W. Leibl)* und Landschaftsmalerei *(W. v. Kobell, G. v. Dillis, E. Schleich).* Von den Bildhauern sind *L. v. Schwanthaler, A. v. Hildebrand, M. v. Wagmüller* und *K. v. Zumbusch* zu nennen. Um die Jahrhundertwende bringt für München der Jugendstil neue Impulse für Plakatmalerei, Illustration und Kunstgewerbe.

Die Münchner Künstlervereinigungen sind charakteristisch für die Frühzeit des 20. Jahrhunderts. Die extremste und berühmteste dieser Vereinigungen ist der „Blaue Reiter" mit *W. Kandinsky, F. Marc, A. Kubin, G. Münter, A. Jawlensky* und *P. Klee.*

Literatur

Am Anfang der bayerischen Literaturgeschichte steht Bischof *Arbeo von Freising*

(8. Jh.), unter dessen Leitung der „Abrogans", das erste deutsch-lateinische „Wörterbuch", entstand. Zu den ältesten deutschen Sprachdenkmälern gehören das „Wessobrunner Gebet" und der „Muspilli" (Anfang 9. Jh.). In lateinischer Sprache geschrieben sind der Abenteuerroman „Ruodlieb" (11. Jh.), das Drama „Ludus de Antichristo" (um 1160), beide aus Kloster *Tegernsee*, und die „Carmina Burana", eine Sammlung weltlicher Trink- und Liebeslieder und geistlicher Spiele aus dem 13. Jahrhundert, die in *Benediktbeuern* gefunden wurde. Die derb-realistischen Lieder *Neidharts von Reuenthal* bringen die Abwendung von der Welt des höfischen Minnesangs. Das neue Lebensgefühl des späten Mittelalters repräsentiert die Versnovelle „Meier Helmbrecht" von *Wernher dem Gärtner.*

Im späten 15. und im 16. Jahrhundert wird die Universität Ingolstadt durch die Gelehrten-Poeten K. *Celtis* und *J. Locher* und den Historiker *J. Turmair*, genannt *Aventinus*, zu einem Zentrum des Humanismus. Erst durch den Einfluß der Gegenreformation aber gelingt es mit dem Jesuitendrama, Bayern wieder zum Mittelpunkt einer eigenen literarischen Tradition zu machen. 1609 entsteht eines der Hauptwerke, der „Cenodoxus" von *J. Bidermann.*

Im 19. Jahrhundert erreicht München den Höhepunkt seiner literarischen Bedeutung unter *Max II.* Er beruft die großen Geister seiner Zeit nach München und versammelt Gelehrte wie *F. Schelling, A. Schmeller, W. H. Riehl* und *Friedrich Thiersch* und Literaten wie *F. Pocci, F. Dingelstedt, P. Heyse, E. Geibel, Graf Schack* und die Dialektdichter *F. v. Kobell, K. Stieler* und *H. v. Schmid* in seinen Symposien um sich. Unter *Ludwig II.* wird München zur Wirkungsstätte *Richard Wagners*, und um die Jahrhundertwende zieht die Stadt die modernen Literaten an, wie *H. Ibsen. St. George, R. M. Rilke, M. Halbe, F. Wedekind, Heinrich* und *Thomas Mann* sowie die Bayern *Ludwig Thoma* und *O. M. Graf.* Eng mit München verbunden sind auch viele bekannte und berühmte Namen der modernen Literatur wie *B. Brecht, E. Kästner, C. Amery, H. Rosendorfer, M. Sperr, F. X. Kroetz, A. Mechtel* usw.

Musik

Für das Musikleben der Frühzeit ist die Kirche eine entscheidende Triebkraft. Neben *Wessobrunn, Ebersberg* und *Te-*

gernsee ist vor allem die *Freisinger Domschule* für die Choralpflege wichtig. Dort entstand im 9. Jahrhundert das *Petruslied*, der früheste Beleg für das althochdeutsche Kirchenlied. Das hohe Mittelalter bringt mit dem *Minnesang* eine erste Blüte weltlicher Tonkunst.

Am Ausgang des Mittelalters wird das Liedgut der fahrenden Sänger zum wesentlichen Impuls für das Musikleben (*Carmina Burana, Tegernsee Reien*).

Das Ende des 15. Jahrhunderts bringt die Gründung von Kantoreien (München 1482, Freising 1484). Das Orgelspiel mit dem blinden Organisten und Komponisten *Konrad Paumann* als überragendem Meister beeinflußt das Musikleben. Später führen Instrumentenindustrie (Geigenbau in *Mittenwald*, Orgelbau in *Freising*) und Notendruck (*A. Berg* in *München*) zur Verbreitung des Musizierens.

Durch Vermittlung der Jesuiten und Förderung der Fürsten wird die italienische Tonkunst in München heimisch. *Orlando di Lasso* wirkt von 1556 bis zu seinem Tod hier.

Hauptereignis des 17. Jahrhunderts ist der Einzug der italienischen Oper in München. Im 18. Jahrhundert erobert das Singspiel die Bühnen. *W. A. Mozart* steht in Bayern zum *Kloster Seeon* und zum Münchner Hof in besonderer Verbindung. Seine Opern „Die Gärtnerin aus Liebe" und „Idomeneo" werden in München uraufgeführt.

In der zweiten Hälfte des 19. Jahrhunderts wird die Münchner Oper neben Bayreuth zur Trägerin und Vorkämpferin der Kunstideen *Richard Wagners.*

Joseph Rheinberger (1839—1901) gilt als Gründer der spätromantischen *Münchner Schule*, deren bedeutendster Vertreter *Ludwig Thuille* (1861—1907) ist. Ein wichtiger Beitrag zur Erneuerung der Kirchenmusik ist die Gründung der *Kirchenmusikschule Regensburg* durch *F. X. Haberl* (1874).

Ab 1929 wirkt *Hans Pfitzner* (1869 bis 1949) an der *Akademie der Tonkunst* in München. Im Werk von *Richard Strauß* (1864—1949), Münchens großem Sohn, klingt die Sinnenfreude des Barock, der großen Zeit bayerischer Kultur, noch einmal auf. Nach dem Zweiten Weltkrieg wird München durch *C. Orff, W. Egk* und *K. A. Hartmann* zum Forum musikalischen Zeitgeschehens.

Speisen und Getränke

Die oberbayerische Küche ist – wo sie nicht durch städtischen Einfluß internationalisiert ist – ziemlich einfach. Das Hauptgericht ist nach wie vor schlechthin der Schweinsbraten mit Kartoffelknödel. Das kulinarische Zauberwort in Oberbayern heißt ,,Brotzeit". Sie ist an keine feste Stunde des Tages gebunden und wird am besten mit ,,Imbiß" übersetzt. Das Wort bezieht sich sowohl auf die Essenszeit als auch auf die Speise selbst.

Spezialitäten

Für ihre Brotzeiten verfügen die Bayern über ein feines Angebot von Spezialitäten, die in gleicher Weise häufig und gern gegessen werden.

Weithin bekannt geworden ist die *Weißwurst,* die aus Kalbsbrat, jungem Speck und Petersilie besteht. In Bayern sagt man, die Weißwurst dürfe das ,,Zwölfuhrläuten nicht hören", das heißt, man sollte sie nur vormittags essen. Man würzt sie herkömmlicherweise mit süßem Senf und ißt dazu Laugenbrezen.

Eine besonders gute bayerische Spezialität für heiße Tage ist der *Wurstsalat.* Dazu werden aufgeschnittene Regensburger Würste mit Zwiebelringen, Essig, Öl und Pfeffer zu einem Salat verarbeitet.

Der *Leberkäs,* der weder Leber enthält noch ein Käse ist, sondern ein gebackenes Gemisch aus passierten Fleischsorten, wird warm oder kalt, gebraten oder überbacken gegessen.

Der bayerische *Radi* (Rettich) wird dünnblättrig eingeschnitten und gesalzen; man läßt ihn so lange ,,ausweinen", bis ihm die Schärfe genommen ist.

Weitere Spezialitäten sind *Knöcherl-* oder *Fleischsulz* (Sülze), gebratene *Schweins-* und *Kalbshaxe,* eine Vielzahl bayerischer Wurstsorten und gute einheimische Käsearten, die die Merkmale alterfahrener alpenländischer Milchwirtschaft an sich tragen.

Bayerische Bäckereien bieten ein reiches Angebot verschiedener Weiß- und Schwarzbrotsorten, die sich nicht nur in der Form unterscheiden, sondern auch im Geschmack.

Gastronomisches Wörterbuch

Beinfleisch = gekochtes Rindfleisch
Bries = Brustdrüse des Kalbes (Thymusdrüse)
Dampfnudeln = in Milch gedämpfte Hefeteigstücke
Gansjung = Gänseklein
Gelbe Rüben = Mohrrüben
Geröstete Kartoffeln = Bratkartoffeln
Geselchtes = geräuchertes Fleisch
Hasenjung = Hasenklein
Kalbsschäuferl = gedämpfte Schnitten von der Kalbsschulter
Kalbsvögerl = gerolltes, mit Speck gefülltes Schnitzelfleisch
Krautwickerl = Weißkohlröllchen mit Hackfleischfüllung
Kren = Meerrettich
Pfannkuchen = Eierkuchen
Rannen = rote Rüben
Reiberdatschi = Kartoffelpuffer
Rohrnudeln = gebackene Hefeteigstücke
Schlachtschüssel = Leber- und Blutwurst mit gekochtem Schweinefleisch und Sauerkraut
Schmalznudeln = in Schmalz gebackener Nudelteig
Schweinswürstel = `Bratwürste, meist mit Sauerkraut serviert
Semmelknödel = Klöße aus geschnittenem Weißbrot
Tiroler G'röstel = gekochte Fleischstückchen mit Kartoffeln und Ei vermischt und geröstet
Wammerl = durchwachsener Schweinebauch
Zwetschgendatschi = Pflaumenkuchen

Das bayerische Bier

Das Hauptgetränk in Bayern ist nach wie vor das Bier, das überall zu jeder Zeit in größeren Mengen getrunken wird. Geschützt durch das älteste Lebensmittelsetz, das Verbot des Landtags von 1516, etwas anderes als Wasser, Malz und Hopfen zum Brauen zu verwenden, wird das bayerische Bier noch heute nur aus Naturprodukten hergestellt, ohne Beimengung von Chemikalien. Das helle und dunkle *Faßbier* (Lagerbier) hat eine Stammwürze von 11–12 Prozent, das *Märzenbier* 13 bis 14 Prozent. Zu besonderen Jahreszeiten wird *Bockbier* mit etwa 18–19 Prozent Stammwürze gebraut. Eine besondere Art ist das *Weißbier,* ein leichtes, etwas moussierendes Bier, zu dessen Zubereitung anstatt Gerste Weizen verwendet wird. Seit 1976 wird wieder das *Münchner Alt* gebraut.

Die bayerische Maßeinheit für das Bier ist ,,die Maß" (= 1 Liter), die Hälfte ist ,,eine Halbe", ein Viertelliter ,,ein Quartel".

Straßen

Der östliche Teil von Oberbayern wird in west-östlicher Richtung von der Bundesautobahn *München−Salzburg* (A8/E11) durchquert. Bei *Rosenheim* zweigt die *Inntalautobahn* (A93/E86) nach Süden ab. Sie führt über *Kiefersfelden* und *Innsbruck* bis zum *Brenner*. Alle Bundes-, Staats- und Nebenstraßen sind in diesem Teil Oberbayerns gut ausgebaut. Die Haupt-Bundesstraßen sind in diesem Raum:

B 12: München−Mühldorf−Passau;
B 15: Landshut−Wasserburg−Rosenheim−Autobahn;
B 20: Straubing−Burghausen−Laufen −Freilassing−Bad Reichenhall− Berchtesgaden;
B 21: Grenze bei Schwarzbach−Bad Reichenhall−Steinpaß;
B 299: Landshut−Altötting−Trostberg;
B 304: München−Wasserburg−Traunstein−Freilassing;
B 305: Berchtesgaden−Bernau (,,Deutsche Alpenstraße");
B 306: Traunstein−Innzell;
B 307: Achenpaß−Tegernsee−Schliersee−Bayrischzell−Oberaudorf (,,Deutsche Alpenstraße");
B 318: Holzkirchen−Bad Wiessee;
B 472: Irschenberg−Miesbach−Bad Tölz.

Eisenbahnen

Der östliche Teil Oberbayerns ist mit einem verhältnismäßig dichten Eisenbahnnetz überzogen. Die vier Hauptlinien sind:

München−Rosenheim−Kufstein;
München−Rosenheim−Salzburg;
München−Mühldorf−Passau;
Mühldorf−Laufen−Salzburg.

Davon sind die beiden Schnellzugstrecken *München−Rosenheim−Salzburg/ Kufstein* die deutschen Hauptverbindungswege nach *Österreich* und *Italien*.

Daneben gibt es noch eine Reihe von Nebenstrecken, u. a. von München nach Bad Tölz, Tegernsee und Bayrischzell sowie von Freilassing nach Berchtesgaden.

Autobusverkehr

Das Netz der Bahn- und Postbusse ist in einigen Teilen Oberbayerns relativ dicht. Daneben führen zahlreiche private Unternehmen Omnibusfahrten durch. Durch den östlichen Teil Oberbayerns führt auch die ,,Chiemgaulinie" von München nach Reit im Winkl.

Verkehrskarte von Oberbayern /

Nach Landshut

Nach Straubing

Pfarrkirchen

Vilsbiburg

Gr. Vils

Eggenfelden

Neumarkt-St. Veit

aufkirchen

Dorfen

Töging

Neuötting

Simbach

Nach Passau

Mühldorf

St. Wolfgang

Waldkraiburg

Altötting

Braunau

Kraiburg

Inn

Garching

Alz

Burghausen

aag

Wasserburg

Salzach

ÖSTERREICH

Trostberg

Tittmoning

Obing

Altenmarkt

Traunreut

Obertrumer See

Seebruck

Waginger See

Oberndorf

Endorf

Waging

Laufen

Simssee

Chiemsee

Traunstein

Freilassing

Prien

osenheim

SALZBURG

Nach Linz

Bernau

Siegsdorf

Inzell

Aschau

Schleching

Achte

Ruhpolding

Marquart-stein

Bad Reichenhall

Nach Villach

rndorf

Tiroler

Reit im Winkl

Bischofswiesen

raudorf

Kössen

Berchtesgaden

Walchsee

Lofer

Saalach

Königssee

Kiefersfelden

Kufstein

St. Johann

Ferien in Oberbayern

Reisezeit

Die Ferienzentren Oberbayerns sind meist zugleich Sommerurlaubs- und Wintersportgebiete. Die Sommersaison rechnet man von Mitte Juli bis Mitte September, die Wintersaison von Weihnachten bis Ende Februar, manchmal bis Ostern. Geruhsam und meist preiswert sind Ferien in der Vor- oder Nachsaison, also im Mai/Juni und in der zweiten September-Hälfte. Die großen Hotels sind das ganze Jahr über geöffnet. Die kleineren Häuser, vor allem in den ausgesprochenen Urlaubsorten, pflegen einige Zeit (April und November) keine Gäste aufzunehmen. Ein schönes und malerisches Landschaftsbild bietet Oberbayern auch im Herbst.

Ferienzentren

Ein bevorzugtes Urlaubsgebiet sind die Uferorte am *Chiemsee,* vor allem wegen der landschaftlichen Schönheit des Gebiets und der vielfältigen Sportmöglichkeiten, die der See und seine Umgebung bieten. In jedem Uferort befindet sich ein Schwimmbad; überall gibt es Boote zu mieten; Mittelpunkt des Segelsportes ist die *Fraueninsel; in Prien* gibt es einen Golfklub; in *Ising* wird der Reitsport gepflegt (,,Reiterferien").

Nicht minder beliebt sind viele Orte im Gebiet *Tegernsee-Schliersee.* Auch hier gibt es die Möglichkeit zu Wassersport. Darüber hinaus gilt dieses Gebiet als vorzüglicher Ausgangsort für Bergtouren aller Grade von der Bergwanderung bis zur extremen Felskletterei. – Im eleganten *Bad Wiessee* befindet sich eine Spielbank.

Ein weiteres vielbesuchtes Feriengebiet ist das *Berchtesgadener Land. Bad Reichenhall* und *Berchtesgaden* gelten als vorzügliche Kurorte. Aber auch alle kleinen Orte dieses Gebiets sind auf die Beherbergung von Urlaubsgästen eingerichtet. Die unmittelbare Nähe des Hochgebirges bietet dieses Gebiet als ausgezeichneten Mittelpunkt des Hochalpinismus an.

Als Wintersportorte inmitten zum Teil außerordentlich schneesicheren Skigebiets sind *Reit im Winkl* und *Bayrischzell* berühmt geworden. Bayrischzell liegt unmittelbar unterhalb des Hausberges der Münchner Skifahrer: des *Sudelfelds.* Der Eislaufsport wird besonders in *Inzell* gepflegt.

Sportzentren

Im Sommer:

Bade-, Ruder- und Segelgelegenheiten gibt es in allen Uferorten der oberbayerischen Seen.

Bergwanderungen und Touren sollten nur mit ordentlicher Ausrüstung unternommen werden. Wer in Bergnot gerät, gibt das alpine Notsignal: sechsmal innerhalb einer Minute, also alle zehn Sekunden ein sichtbares oder hörbares Zeichen; die Antwort erfolgt dreimal innerhalb einer Minute.

Der *Deutsche Alpenverein* hat in den bayerischen Bergen mehr als 50 Unterkunfts- und Schutzhütten eingerichtet.

Im Winter:

Das Skigebiet um den *Spitzingsee* (1083 m) mit Taubenstein-Kabinenbahn sowie Liften zum *Stümpfling* (1506 m), zur *Unteren* und *Oberen Firstalm* (1318 m, 1370 m) gehört zu den bekannten Wintersportzielen.

Andere bekannte Wintersportplätze liegen in den *Chiemgauer Alpen* mit dem *Sonntagshorn* (1960 m) und dem *Walmberg* (1061 m, Sesselbahn). Das ausgedehnteste Skigelände hier ist das Almland von *Winklmoos* (1160 m) mit Skihütten und Berggasthöfen (Liftbetrieb). *Reit im Winkl* (695 m) gilt als sehr schneesicher; von *Ruhpolding* aus kann man zum *Rauschberg* (1636 m, Kabinenbahn) und von *Bayrischzell* zum *Sudelfeld* (mehrere Lifte) fahren.

Andere beliebte Wintersportorte sind: *Aschau* (650 m) am Fuß der *Kampenwand* (1670 m, Bahn und Lifte) und *Schleching* (570 m) im *Achental* mit Lift zum Skigebiet der *Wuhrsteinalm.*

Das Berchtesgadener Land bietet ausgezeichnete Skisportmöglichkeiten; Bahnen und Lifte gibt es am *Jenner* (1800 m), *Obersalzberg* (1020 m), *Roßfeld* (1500 m), in *Berchtesgaden, Oberau, Unterau, Ramsau, Bischofswiesen* usw.

Kurorte

Der wegen seiner berühmten Solbäder besuchteste Kurort des östlichen Oberbayern ist *Bad Reichenhall. Bad Aibling* und *Bad Feilnbach* bieten Moorbäder. Die beiden Uferorte *Tegernsee* und *Bad Wiessee* verfügen über heilkräftige Jodquellen. *Traunstein* ist ein alter und beliebter Ort für Kneippkuren. Den Vorzug, Luftkurort zu sein, können viele Orte des bayerischen Alpenlandes für sich in Anspruch nehmen. Hervorgehoben sei *Berchtesgaden* mit seinen „Terrainkuren".

Unterkünfte

Bei allen Orten, die in diesem Reiseführer beschrieben werden, sind – gegliedert nach Klassen und Größe – Hotels und Gasthöfe angegeben. Daneben gibt es in allen Ferienzentren kleinere Hotels, Gasthöfe, Pensionen, Fremdenheime und zumeist zahlreiche Privatquartiere. Preishinweise zu geben, ist wegen der Fülle und vor allem wegen des starken Unterschiedes nach Saison, Ort und Klasse der Hotels unmöglich. Abseits der großen Straßen und in der Vor- und Nachsaison findet man mit einiger Geduld und einigem Spürsinn auch preiswerte Unterkünfte.

Jugendherbergen

In dem in diesem Reiseführer beschriebenen Gebiet Oberbayerns gibt es elf Jugendherbergen verschiedener Größe. In den Stadtbeschreibungen sowie bei den Routen wird durch das Zeichen △ darauf hingewiesen. Die Jugendherbergen liegen in:

Berchtesgaden-Strub, Gebirgsjägerstraße 52;
Bergen, Hochfellnstraße 18;
Burghausen, In der Burg 27b;
Ebersberg, Attenberger-Schillinger-Straße 1;
Endorf, Hemhof 70;

Josefstal bei Schliersee, Josefstaler Straße 19;
Mühldorf am Inn, Friedrich-Ludwig-Jahn-Straße 19;
Oberaudorf, Lechen 2;
Prien am Chiemsee, Carl-Braun-Straße 46;
Scharling bei Kreuth, Nördliche Hauptstraße 91;
Tittmoning, In der Burg 6.
Traunstein, Trauner Straße 22.
Wasserburg, Heisererplatz 7.

Campingplätze

Campingplätze – es gibt etwa 50 in diesem Gebiet – werden im vorliegenden Reiseführer mit dem Zeichen △ angegeben.

Visum und Paß

brauchen Sie für einen Ausflug nach Österreich nicht; es genügt ein gültiger Personalausweis.

Informationen

Auskünfte über das ganze Gebiet erteilen der Fremdenverkehrsverband München-Oberbayern, 8000 München 2, Sonnenstraße 10, Tel. 089/59 73 47/48, und das Amtliche Bayerische Reisebüro, 8000 München 2, Bahnhofplatz 2, Tel. 5 90 41. Die Geschäftsstelle des ADAC für dieses Gebiet (Gau Südbayern) befindet sich in 8000 München, Ridlerstr. 35, Tel. 5 19 50. Weitere Auskünfte für speziellere Fragen gibt der Deutsche Alpenverein e. V., 8000 München 22, Praterinsel 5, Tel. 29 30 86, der auch eine „Alpine Auskunftsstelle" mit eigener Telefonnummer (29 49 40) eingerichtet hat.

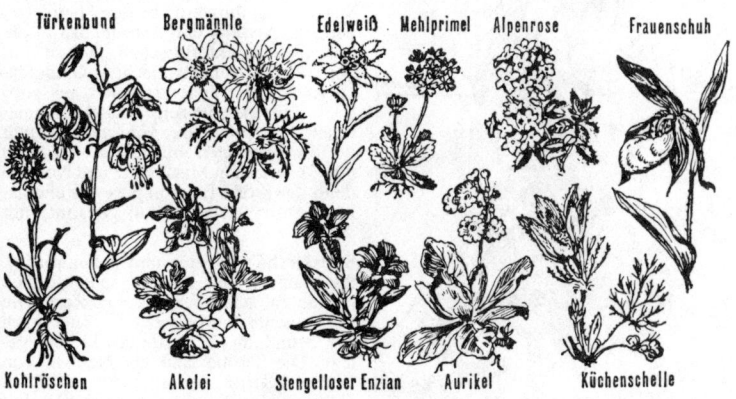

Türkenbund · Bergmännle · Edelweiß · Mehlprimel · Alpenrose · Frauenschuh

Kohlröschen · Akelei · Stengelloser Enzian · Aurikel · Küchenschelle

Geschützte Alpenpflanzen

Berchtesgaden

Berchtesgaden (573 m; 8700 Einw.), ehemals Sitz eines selbständigen (reichsunmittelbaren) Fürstentums, ist heute eine Stadt, deren herrliche Lage inmitten der bezaubernden Bergwelt des Berchtesgadener Landes sie zu einem der begehrtesten Fremdenverkehrsorte Bayerns machte.

GESCHICHTE

Grundlage des selbständigen Fürstentums war die *Propstei* (Augustiner-Chorherrenstift) zu *St. Peter,* die 1102 bzw. 1120 gegründet und 1142 von Papst *Innozenz II.* zum päpstlichen Eigenkloster erhoben wurde. 1156 gewährte Kaiser *Friedrich I. Barbarossa* dem Stift die Forsthoheit und das Schürfrecht (nach Salz und Metall). 1255 wurden dem Propst bischöfliche Würden verliehen:

das Stift schied aus dem geistlichen Bereich des Erzbistums *Salzburg* aus. 1270 verbriefte Kaiser *Rudolf I.* die volle Landeshoheit. Seit 1491 führten die Pröpste den Fürstentitel („Fürstpröpste").

Die Selbständigkeit der folgenden Jahrhunderte war zwar staatsrechtlich vollkommen, tatsächlich jedoch dadurch eingeschränkt, daß von 1595 bis 1723 ununterbrochen wittelsbachische Prinzen als Fürstpröpste regierten, die meistens auch Kurfürsten und Erzbischöfe von *Köln* waren, in *Bonn* residierten und an dem kleinen Land im Gebirge kaum Interesse zeigten. Unter dieser bayerischen Herrschaft „aus zweiter Hand" kam es 1611 zu einer letzten Auseinandersetzung mit Salzburg, als der kriegerische *Erzbischof Wolf-Dietrich von Raitenau,* allerdings erfolglos, ins Berchtesgadener Land mit seinem Heer einfiel. Der letzte Fürstpropst, *Joseph Conrad Freiherr von Schroffenberg,* mußte 1803 der weltlichen Regierung entsagen.

Das *Berchtesgadener Land* kam zu dem kurzlebigen Kurfürstentum Salzburg, 1809 endgültig an Bayern, das 1813 das Augustiner-Chorherrenstift auflöste. Die Wittelsbacher übernahmen das Stiftsgebäude, das zuletzt bis 1938 Sitz des im ganzen Land populären *Kronprinzen Rupprecht von Bayern* war.

SEHENSWÜRDIGKEITEN

Einen Rundgang durch die an Kunstschätzen und sonstigen Sehenswürdigkeiten reiche Stadt beginnen wir mit einem Spaziergang durch die beiden Hauptstraßenzüge *Nonntal* und *Marktplatz,* an denen die charakteristischen Häuser mit den vorspringenden flachen Giebeldächern stehen. Viele stammen aus gotischer Zeit, manche zeigen Fassadenmalereien. Am Anfang des *Marktplatzes* steht der *Marktbrunnen* mit dem *alten Löwen* (1677), zwischen Marktplatz und Nonntal dann der große Baukomplex des ehemaligen *Stiftes* (jetzt Schloß genannt) mit der

Stiftskirche St. Peter und Johannes [1]. Sie stammt, mit einigen spätgotischen Anbauten, aus hochgotischer Zeit. Die Fundamente wurden bereits kurz nach der Gründung (2. Hälfte des 12. Jh.) gelegt. Die Türme sind ein Neubau von 1865/66. Trotz des um 1500 erfolgten Umbaus der Kirche im gotischen Stil ahnt man in den Dimensionen – vor allem in dem gegenüber dem Langhaus überhöhten Chor – die ursprüngliche architektonische Gewalt des romanischen Monumentalmünsters.

Im Westen (unter den Türmen) führt ein romanisches Säulenportal aus weißem und rotem Marmor in eine Vorhalle mit schweren Kreuzrippen aus romanischer Zeit.

Der Hochaltar aus Untersberger Marmor (1663–69) ist ein Werk des Salzburger, in Rom ausgebildeten Barockmeisters *Bartholomäus von Opstal*. Die Kirche birgt auch zahlreiche wertvolle Gemälde, darunter das Hochaltarblatt von *Johann Spielberger,* das Blatt des nördlichen Seitenaltars von *Joachim von Sandrart* (1657) und im Bogenfeld des Nordportals ein Werk des bedeutenden Meisters der Donauschule *Rueland Frueauf* (1474).

An der Südseite führt eine Tür, die als Stilübergang von Romanik zur Gotik interessant ist, in den berühmten spätromanischen *Kreuzgang* (erbaut etwa Ende des 12. Jh.) mit Grabstätten vieler Pröpste. Doppelsäulen, im italienischen (lombardischen) Stil gebaut, tragen das Gewölbe. Der gewaltige steinerne Löwe zeigt ebenfalls die Kennzeichen lombardischen Stils. Daneben steht das ehem.

Stiftsgebäude [2], das in seinen Grundzügen ebenfalls aus romanischer Zeit stammt und später vielfach verändert und erweitert wurde. Es umschließt den Kirchen- und Kreuzgangkomplex mit weiteren Höfen. Seit 1813 ist es königliches Schloß. 28 Räume mit Sammlungen von Möbeln, Skulpturen (u. a. von *Veit Stoß* und *Tilman Riemenschneider*), Porzellan, Teppichen, deutschen Gemälden aus der Romantik und mit Gegenständen zur Geschichte der Jagd sind als *Schloßmuseum* zugänglich.

(Geöffnet vom 1. Oktober bis vor Ostern montags bis freitags 10–13 und 14–17 Uhr, samstags sowie an Sonn- und Feiertagen geschlossen; von nach Ostern bis 30. September sonntags bis freitags 10–13 und 14–17 Uhr, samstags sowie am 1. Mai geschlossen. – Eintrittsgeb.).

Wenige Schritte neben dem Stift steht am *Rathausplatz* die

Pfarrkirche St. Andreas [3], die 1397 erbaut und 1699 von Grund auf umgestaltet wurde. Ihr barocker Turm mit der gedrungenen Haube ergibt neben den beiden schlanken Turmspitzen der Stiftskirche die vielphotographierte Stadtsilhouette vor dem Massiv des *Watzmann*.

Durch die *Weihnachtsschützenstraße* und die *Maximilianstraße* kommen wir zum *Franziskanerplatz*. Hier steht die ehemalige

Frauenkirche am Anger [4]. Wie vielerorts wurde auch hier neben dem Chorherrenstift ein *Frauenstift* gegründet, dessen spätgotische Kirche 1488–1519 entstand. 1699 wurde das Frauenstift in ein *Franziskanerkloster* umgewandelt.

Wir kehren zurück zum *Marktplatz*. Von dort aus (Durchgang zur *Lacknergasse*) führt der *Fürstensteinweg* zunächst zum

Kalvarienberg [5]. Hier stehen viele kleinere und eine größere Kapelle, idyllisch gelegen, mit Stationsbildern und einer Kreuzigungsgruppe (1760). Von hier bietet sich ein weiter Ausblick über den Markt.

Kreuzgang der Stiftskirche

Der Weg führt weiter über *Schloß Fürstenstein* (im 18. Jh. erbaut, heute Erholungsheim des „Bayerischen Lehrer- und Lehrerinnenvereins"). Von dort aus gibt es einen schönen Spaziergang durch den *Eberweinweg* und die *Kälbersteinstraße,* die an der „Königlichen Villa" vorbeiführt. Diese ließ sich König *Maximilian II. von Bayern* 1849 erbauen. In der *Orangerie* dieser Villa finden im Sommer Kunstausstellungen der im Berchtesgadener Land ansässigen Künstler statt.

Ein besonderer Anziehungspunkt von Berchtesgaden ist das

Salzbergwerk [6]. Es liegt jenseits der Ache an der *Bergwerksallee*. Der Besuch des Bergwerks ist ein beeindruckendes Erlebnis. *(Führungen: 16. 10.–30. 4. werktags 13 bis 16 Uhr; 1. 5.–15. 10 täglich [außer Pfingstmontag] 8–17 Uhr. Eintrittsgeb., Kinder bis 10 Jahre Ermäßigung.)* Eine Führung schließt eine regel-

Blick auf Berchtesgaden und Watzmann

rechte Einfahrt in den Berg ein (mit Bergmannstracht), den Besuch einer Salzgrotte, eine Floßfahrt über einen unterirdischen Salzsee und eine Filmvorführung über die Salzgewinnung.

Zu den weiteren Sehenswürdigkeiten von Berchtesgaden gehören auch das

Heimatmuseum, Schroffenbergallee 6, mit Schnitzwerken, Holzwaren, Spanschachteln und Spielsachen sowie das

Deutsche Wappenmuseum, das 4000 handgeschnitzte und handgemalte Wappen deutscher Städte, Kreise und Gemeinden besitzt. Die in Königssee, Jennerbahnstraße 30, eingelagerten Bestände können nur nach Voranmeldung besichtigt werden.

PRAKTISCHE HINWEISE

ⓘ Kurdirektion, Königsseer Straße 2.

🚗 München – Freilassing – Berchtesgaden.

🚌 Bad Reichenhall; Salzburg.

🚠 Obersalzberg-Kabinenbahn, Jennerbahn, Hirscheck-Sesselbahn; fast 30 Ski- und Schlepplifte.

🏨 ,,Alpenhotel Kronprinz", ,,Geiger", ,,Vier Jahreszeiten", ,,Fischer", ,,Demming". – ,,Alpenhof" in Königssee.

🏨 ,,Gästehaus Grünberger", ,,Post", ,,Sporthotel Seimler", ,,Königliche Villa", ,,Wittelsbach", ,,Graßl", ,,Binderhäusl", ,,Krone". – ,,Badmotel Königssee" in Königssee.

ⓐ ,,Watzmann", ,,Binderhäusl", ,,Bavaria", ,,Gästehaus Weiherbach", ,,Schwabenwirt". – ,,Tauernhof" in Königssee.

⚠ Berchtesgaden-Strub, Gebirgsjägerstr. 52.

⚠ Allweglehen, Grafenlehen, und Unterau sowie in Königssee und Ramsau.

🛷 Kunsteisrodelbahn und Bobbahn in Königssee.

Veranstaltungen:

Heimatabende mit volkskundlichem Programm.

Das *Berchtesgadener Bauerntheater* spielt im ,,Hotel Watzmann" (*Franziskanerplatz*) täglich von Mai bis Mitte Oktober.

Im Kurgarten finden in der Saison täglich Kurkonzerte statt.

Kurwege:

Berchtesgaden ist bestrebt, seinen Gästen neben Sportanlagen auch ruhige Wanderwege zu bieten. Es wurden nach medizinischen Gesichtspunkten spezielle Kurwege ausgewählt, nach dem Grad der zu überwindenden Steigung verschiedenfarbig markiert und in drei Höhengruppen eingeteilt. Diese Kurwege sind ein eigenes Kurmittel (Terrainkur) und auf einer ,,Kurwege-Karte" genau verzeichnet.

Skisport:

Übungsgelände gibt es am *Weinfeld*, gute Abfahrten u. a. am *Hochschwarzeck, Götschen, Roßfeld, Obersalzberg, Jenner* und *Watzmannkar.* Dazu noch eine Reihe sehr schöner, aber oft schwieriger Skitouren. Zwei Sprungschanzen stehen am *Kälberstein.*

AUSFLÜGE

1. Maria Gern. Ein reizvoller und auch erholsamer Spaziergang führt zur Wallfahrtskirche Maria Gern, nördlich von Berchtesgaden. Um 1709 wurde die Kirche mit ihrem elliptischen Grundriß erbaut. Der Hochaltar (1716) und die Seitenaltäre (1740) stehen in über den Grundriß hinausschwingenden Nischen. Stukkaturen lockern den Innenraum auf.

2. Kunterweg, westlich von Berchtesgaden. Die Straße nach Hintersee führt zur Wallfahrtskirche Kunterweg, die *S. Stumpfenegger* um 1732 errichtete. Den Hochaltar ziert ein Gemälde von *J. Zick.*

3. Obersalzberg. Von der Talstation an der *Schießstättbrücke* führt eine Kabinenschwebebahn in zwei Etappen zur Bergstation (1020 m), Höhenunterschied ist 490 m. Hier stand der mittlerweile gesprengte ,,Berghof", den sich Hitler bauen ließ. Wer die direkte Autostraße (bis zu 22% Steigung) oder den nicht so steilen Umweg über *Oberau* zum Obersalzberg benutzt, kommt am *Platterhof* (heute amerikanisches „General-Walker-Hotel") vorbei. Die erste Inhaberin *Mauritia Mayer* war Vorbild für die Heldin in *Richard Voß' Roman „Zwei Menschen"*.

4. Jenner (1874 m). Man erreicht den bekannten Skiberg mit einer Schwebebahn in zwei Abschnitten von *Königssee* aus. Eine Gaststätte mit einer Aussichtsterrasse an der Bergstation und Aussichtskanzel auf dem Gipfel bietet einen überwältigenden Blick.

5. Roßfeld (1551 m). Die Höhenringstraße, die zu dieser Bergkuppe führt, ist auch im Winter befahrbar. Die 16,3 km lange Straße ist mautpflichtig (1,50 DM je Person im Pkw); die Steigungen betragen bis zu 13%. Die Kuppe ist Ausgangspunkt für viele Bergwanderungen und im Winter ein schneesicheres Skigebiet. An der Straße sind Parkplätze eingerichtet. Es gibt dort mehrere Gaststätten und Berghäuser (⌂ „Ahornkaser", „Purtschellerhaus" und „Roßfeldhütte"). – 4 Lifte.

6. Kehlsteinhaus (1834 m). Man fährt mit Spezialbussen (ab *Hintereck* auf dem *Obersalzberg*, etwa 1000 m Höhe; bis dorthin öffentliche Straße) über die zum Teil in den Felsen gesprengte Straße zum Omnibusparkplatz. Von dort aus führt ein Tunnel 120 m waagerecht in den Fels hinein und ein ebenso langer Lift senkrecht zum Kehlsteinhaus. (*Gesamtfahrzeit etwa 1 Stunde.*) Das Kehlsteinhaus wurde 1937 bis 1939 für Hitler als *Teehaus* erbaut. Seit 1951 befindet sich hier eine Berggaststätte. Südöstlich erhebt sich der *Hohe Göll* (2522 m).

7. Königssee. Den Königssee (vor dem Anschluß an Bayern 1803 *Bartholomäussee* genannt) erreicht man von Berchtesgaden aus auf der 5 km langen *Königsseestraße*. Er liegt malerisch zwischen gewaltigen Bergriesen. Der fjordartige See (8 km lang, bis zu 2 km breit, tiefste Stelle 188,2 m, Meereshöhe des Wasserspiegels 602 m) ist der Mittelpunkt eines großen Naturschutzgebiets und, zusammen mit den sparsamen, von Menschenhand hinzugefügten architektonischen Ergänzungen, ein Juwel in der Kette der Schönheiten des oberbayerischen Landes.

Am Nordende des Sees liegt das *Dorf Königssee*. Von hier aus führt ein Fußweg (20 Min.) zum „Malerwinkel" (⌂) und eine lohnenswerte Motorbootfahrt zur *Saletalm (Fahrzeit 50 Min.)*. Die bemerkenswertesten Punkte sind der Reihe

St. Bartholomä am Königssee mit Watzmann-Ostwand

nach die *Christlieger-Insel*, der links über eine 800 m hohe Felswand in den See stürzende *Königsbach* und die berühmte, immer wieder photographierte Kirche *St. Bartholomä*. In ihrer originellen Anlage (auf dem Grundriß eines Kleeblattes, mit Kuppeldächern) und wegen ihrer Lage auf einer Halbinsel ist die Kirche vor der bizarren Kulisse der *Watzmann-Ostwand* ein Wahrzeichen für ganz Bayern geworden. Am 24. August führt eine Wallfahrt hierher. St. Bartholomä ist schon 1134 erwähnt.

Von St. Bartholomä aus gelangt man (etwa 10 Min. zu Fuß) zur Wallfahrtskapelle *St. Johann und Paul*, die 1617 merkwürdigerweise in gotischem Stil erbaut wurde. Ein einstündiger Fußweg (gutes Schuhwerk ist nötig) führt von hier an den Fuß der Watzmann-Ostwand und zu dem großartigen Naturbild der sogenannten *Eiskapelle* und des *Felsenzirkus*.

Die Motorbootfahrt endet bei der *Saletalm*, von wo aus man den weiter südöstlich, etwas höher gelegenen *Obersee* besuchen kann.

Der Weg dorthin führt fast eben durch die Trümmer eines im Jahr 1117 niedergegangenen Bergsturzes in einer ¼ Stunde zu dem in 613 m Höhe gelegenen einsamen Bergsee und weiter an seinem Südufer unter steilaufragenden Felswänden entlang in ¾ Stunden zur *Fischunkel-Alm* (628 m) an seinem Ostende.

Von der Saletalm kann man aber auch auf einem sehr steilen, zum Teil gesicherten Steig über die *Sagerecker-Wand* und am *Grünsee* vorüber in 4½ Stunden zum *Kärlingerhaus* am *Funtensee* aufsteigen.

Wasserburg am Inn

Wasserburg a. Inn (427 m; 13 400 Einw.) ist die reizvollste bayerische Innstadt, in einer Flußschleife gelegen, die eine förmliche Halbinsel bildet, bekränzt von den bewaldeten Hochufern der anderen Innseite. Wasserburg geriet im 19. Jahrhundert, von Schiene und Straße umgangen, in Vergessenheit. So aber konnte sich die Stadt ihr historisches Kleid erhalten. Sie gilt heute als besonderer Anziehungspunkt des Fremdenverkehrs.

GESCHICHTE

Die nach ihrem hiesigen Sitz später so genannten *Grafen von Wasserburg* residierten seit 1137 „in der Wasserburg am Inn". Die Burg wurde wohl schon früher an dieser, für eine Befestigung vorzüglich geeigneten Stelle angelegt. Die Landzunge, die die Innschleife hier bildet, war damals noch wesentlich kleiner. Die Anschwemmungen auf der Strömungsschattenseite des Flusses, die die Grundfläche der Stadt im Lauf der Jahrhunderte (seit 1100 um etwa das Doppelte) haben anwachsen lassen, spiegeln sich in der Anlage der Straßenzüge wider.

Um die Burg bildete sich bald eine Ansiedlung, die schon 1201 als Markt erscheint; 1220 wurde die Stadt durch Mauern geschützt. Im Mittelalter verdankte die Stadt ihren Reichtum dem Salzhandel und der Innschiffahrt. Der Innübergang in Wasserburg war bis ins 19. Jahrhundert ein wichtiger Teil des Weges von Salzburg nach München. 1247 fiel Wasserburg an das bayerische Herzogshaus und erhielt unter Kaiser *Ludwig dem Bayern* (1314–47) das Stadtrecht. Im „Landshuter Erbfolgekrieg" eroberte 1503 *Pfalzgraf Ruprecht* die Stadt Wasserburg. *Kurfürst Ottheinrich von der Pfalz* mußte wegen eines kaiserlichen Schiedsspruches das „landshutische Erbe", darunter Wasserburg, an *Herzog Albrecht IV.* zu München herausgeben. Durch die Errichtung der Salzniederlage in *Rosenheim* erlitt Wasserburg erhebliche wirtschaftliche Einbußen. Die Reformation spaltete in der Stadt die Bürgerschaft und brachte das innere Gefüge in Unordnung. *Herzog Wilhelm IV.* (1508–50) war ein großer Freund der Stadt. Auch sein Enkel, *Herzog Wilhelm V.* (1579 bis 1597), zeichnete Wasserburg aus, indem er der Stadt 1585 die Hochgerichtsbarkeit übertrug.

Wolfgang Amadeus Mozart machte auf seinen Reisen nach München und nach Paris mindestens dreimal in Wasserburg Station. In der *Pfarrkirche zu St. Jakob* spielte der siebenjährige Mozart die Orgel zum ersten Mal in seinem Leben mit Pedal, worüber uns ein lustiger Brief des Vaters, datiert „auf Wasserburg den 11. Juni 1763", unterrichtet. – Ein eigenartiges Denkmal hat *Gustav Meyrink* der Stadt Wasserburg in seinem Roman „Der weiße Dominikaner" gesetzt, dessen Schauplatz die zwar nicht namentlich genannte, aber unverkennbare Stadt in der Schleife des Flusses ist.

SEHENSWÜRDIGKEITEN

Aus *München* kommend, betreten wir die Stadt (auch heute trifft noch das Wort *Matthäus Merians* zu: „*Man siehet sie nicht, bis einer daran kommt*") von Westen her über den einzigen, schmalen Landzugang und kommen sogleich zur

Burg [1]. Der sogenannte Getreidekasten wurde von *Herzog Ludwig dem Gebarteten* (1365–1447) erbaut. *Herzog Wilhelm IV.* erweiterte ihn 1526 und erbaute 1531–37 innerhalb der Burganlage das „Schloß" die Neubau. Heute dient sie den Schwestern des *Ordens Maria Stern* als Altersheim. Zugänglich ist lediglich die *Burgkapelle zu St. Ägidien*, ein spätgotischer Bau noch aus der Zeit vor dem Neubau von 1526.

Von der Burg führt eine überdachte Treppe hinunter zur

Pfarrkirche St. Jakob [2]. Ein romanischer Bau um 1255 wurde 1410 zugunsten eines gotischen Neubaues abgebrochen. Der erste Baumeister dieses Neubaues war der geniale *Hans Stethaimer*, der aber vor das Langhaus vollendete, ehe er 1432 starb. 1445 setzte *Stephan Krumenauer* das Werk fort und errichtete den Chor. Nach dem Tod Krumenauers 1461 übernahm *Wolfgang Wiser* den Bau und vollendete ihn mit der Errichtung des Turmes 1478.

Die barocke Innenausstattung von 1639/63 wurde 1879–80 wieder entfernt, so daß die Kirche heute einen klaren und großen Raumeindruck vornehmer gotischer Monumentalität bietet.

Ein Kunstwerk von besonderem Rang ist die Kanzel, eine Meisterarbeit der Brüder *Martin* und *Michael Zürn* (1639 vollendet). Das figuren- und ornamentreiche Werk, aus naturfarbenem, nachgedunkeltem Holz von herrlicher Färbung geschnitzt, stellt in je einer Muschelnische die vier Evangelisten dar.

Das Werk weist sowohl deutliche Züge des aufkommenden Barockzeitalters auf als auch unverkennbare Anklänge an das Stilgefühl der Hochrenaissance und gilt so als interessantes kunsthistorisches Beispiel aus der Wende einer Zeit.

Vom *Kirchhofplatz* aus gehen wir ein kurzes Stück durch die *Herrengasse*.

In einem der typisch innstädtischen Häuser mit Grabendächern, phantasievoll geformten Erkern und mit dem im Erdgeschoß durch die ganze Häuserzeile durchgehenden Laubengang befindet sich das

Heimatmuseum [3] (Herrengasse 15). Dieser spätgotische Bau, das sogenannte *Herrenhaus*, ist seit 1937/38 Museum. Es birgt eine reiche Sammlung von Altertümern aus der Geschichte *Wasserburgs* und von Volkskunst, insbesondere Bauernmöbel. *(Führungen von April bis September dienstags bis freitags um 11, 14, 15*

Kanzel in St. Jakob

und 16, samstags sowie sonn- und feiertags um 10 und 11 Uhr, von Oktober bis März [Januar geschl.] wochentags erst ab 14 Uhr.)

Gegenüber dem *Heimatmuseum* führt ein schmaler Durchgang zur

Frauenkirche [4]. Diese alte Wallfahrtskirche wurde an den älteren Turm angebaut, der ursprünglich nicht für eine Kirche, sondern als Wachtturm bestimmt war. Die Kirche ist erstmals 1324 erwähnt; 1386 wurde der jetzige Bau vollendet. Danach gestaltete der letzte Bau-

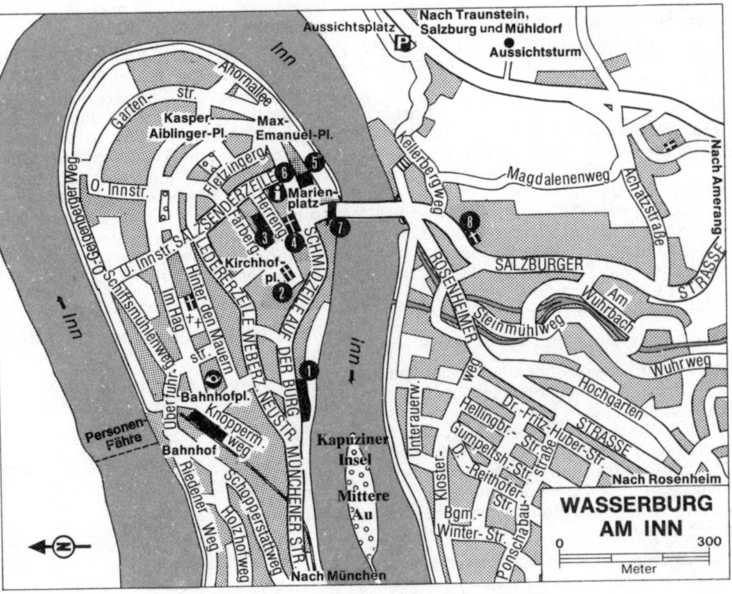

Blick auf das Brucktor

meister von *St. Jakob, Wolfgang Wiser,* den Turm um. Als Erinnerung an den ehemaligen Zweck des Turmes trägt auch heute noch für den Turm – nicht für die Kirche – die Stadt *Wasserburg* die Baulasten.

Das *Gnadenbild* auf dem Hochaltar ist eine innige Darstellung der gekrönten Muttergottes, ein Werk der Spätgotik (Anfang des 15. Jh.). Die *Madonna,* die auf dem linken Knie das segnende *Jesuskind* trägt, hält in der rechten Hand eine Traube, das Symbol für den fruchtbaren Weinstock.

Am *Marienplatz,* wohin ein schmaler Durchgang führt, steht auf der südlichen Seite der wohl prächtigste Profanbau der Stadt, das

Kernhaus [5]. Das palaisartige Bürgerhaus gehörte der Patrizierfamilie *Kern;* heute dient es als Amtsgericht. Das Haus ebenfalls im Innbaustil errichtet, aber mit einem Hohlkehlengiebel, wurde 1738 von *Johann Baptist Zimmermann* mit einer reichen und großzügigen Stuckfassade versehen, die auch die vier Erker in ihr Licht- und Schatten-Spiel einbezieht. Im dritten Stock sehen wir in einer Nische eine *Madonnenfigur* aus Holz.

Gegenüber dem Kernhaus steht das

Rathaus [6]. Es besteht aus zwei aneinandergebauten hochgiebeligen gotischen Gebäuden (1457–59 umgebaut). Der Stadtbrand von 1874 vernichtete das sogenannte *Tanzhaus,* das um 1900 wieder errichtet wurde und heute als Konzertsaal dient. Die *Ratsstube* mit ihrer kostbaren Ausstattung aus dem Jahr 1564 blieb erhalten.

Am oberen Ende des *Marienplatzes* führt links eine kurze Straße, die *Bruckgasse*

(Nr. 25 das herzogliche *Mauthaus* aus dem 14. Jahrhundert, der älteste Profanbau Wasserburgs) durch das

Brucktor [7], das 1470 von *Wolfgang Wiser* erbaut wurde. Von der großen Brücke aus, die sich hier über den Inn spannt, erblickt man den Turm des altertümlichen Tores, durch das sich jahrhundertelang der Verkehr aus ganz *Österreich* und *Ungarn* nach *München* und weiter ,,hineingefädelt" hat. Im Brucktor die *Verkaufsausstellung Dietz* (originalgetreue Reproduktionen berühmter Gemälde). *Geöffnet täglich außer montags im Sommer 11–17, sonst 13–17 Uhr.*

Das nahe gelegene spätgotische *Heilig-Geist-Spital* ist besonders reizvoll. Es wurde im Jahr 1341 gegründet. Der einschiffige Bau der Spitalkirche aus dem 15. Jahrhundert wird von Strebepfeilern gehalten und zeigt im Innern ein elegantes Netzgewölbe.

Kleine überdachte Treppen führen hinaus zum Uferweg, der, mit einer Brüstung versehen, am Inn entlangläuft. Jenseits des Inn, über die *Innbrücke* hinüber und ein Stück die *Salzburger Straße* hinauf, kommt man zur ehemaligen *Leprosen-Kapelle*

St. Achatz [8] (1483–85), ebenfalls einem Werk des letzten Baumeisters von *St. Jakob, Wolfgang Wiser.* Der Bau wird in spätgotischer Manier von Wandpfeilern gestützt.

Neben den einzelnen hier aufgeführten Kunstwerken ist das Stadtbild im Ganzen besonders reizvoll. Spaziert man kreuz und quer durch die Straßen und Gassen, tun sich einem unversehens bezaubernde Ansichten auf: eine Tordurchfahrt öffnet sich zu einem Hof mit einem Brunnen; ein Erker mit Blumen hängt über einer besonnten Treppe. Straßennamen wie *Salzsenderzeile, Färbergasse, Weberzipfel, Schiffsmühlenweg* erinnern noch an die alten Zünfte.

ⓘ Städtisches Verkehrsamt, Rathaus.

🚌 Rosenheim, Ebersberg, München, Mühldorf.

🚂 Ebersberg, Haag, Griesstätt–Vogtareuth–Rosenheim, Rott–Rosenheim.

🏨 ,,Fletzinger", ,,Paulaner-Stuben".

🍴 ,,Greinbräu", ,,Zur schönen Aussicht", ,,Wimmerwirt".

△ Meisererplatz 7.

▱ – ⟶ Penzinger See, Kesselsee, Staudhamer See, Soyener See. – Sport- und Freizeitzentrum ,,Badria".

Burghausen

Burghausen (362 m; 18 000 Einw.) ist vor allem wegen seiner gewaltigen Burganlage, der längsten in Deutschland, berühmt geworden. Die Altstadt – aus einer Flußufersiedlung hervorgegangen – zieht sich unmittelbar unterhalb der Burg zwischen Salzach und Burgberg hin.

GESCHICHTE

Die Siedlung wird schon früh (um 1130) ,,urbs", also ,,Stadt", genannt und kam 1164 an die *Welfen* und 1229 an die *Wittelsbacher*. Die Wittelsbacher, die kurz nach dem Erwerb Burghausens *Herzöge von Bayern* wurden, erbauten die Burg. Auf dem Burgberg, einem Höhenrücken zwischen der *Salzach* und dem *Wöhrsee* (ehemaliger Salzacharm), befand sich schon in keltischer Zeit eine Befestigung.

Nach der ersten Teilung des Herzogtums Bayern, 1255, kam Burghausen an *Niederbayern* und wurde Nebenresidenz der niederbayerischen Herzöge. Dadurch kam der Burg ihre erhöhte Bedeutung zu.

In der Burg lebte (es wird noch seine Wohnung gezeigt) im 16. Jahrhundert der bedeutende bayerische Humanist und Geschichtsschreiber *Johannes Turmair (Aventinus)*, der Verfasser der ,,Annales Bojorum", einer merkwürdig freisinnigen und weltläufigen bayerischen Geschichte.

SEHENSWÜRDIGKEITEN

Der Ort wird beherrscht von der

Burg, die sich auf dem Höhenzug fast über die ganze Länge der Stadt erhebt. Wir betreten den Bau von Norden her (Fotomuseum im Reutmeisterstock), wo der Burgberg in das Hochufer der Salzach ausläuft (großartige Aussicht), und kommen durch sechs Höfe, die alle unterschiedliche Bau- und Befestigungsweise zeigen. In seiner Ganzheit aber bietet der Bau das einheitliche Bild einer großen mittelalterlichen Befestigungsanlage. Im sechsten Hof steht ein altes Brunnenhaus mit einem Uhrturm, im fünften Hof die äußere Schloßkapelle, von Herzog Georg dem Reichen und seiner Frau Hedwig um 1480 bis 1490 erbaut und deshalb *Hedwigskapelle* genannt. Im vierten ist das erwähnte Haus des *Aventinus*. Mächtige Tore und Brücken verbinden die einzelnen Höfe miteinander. Vom zweiten Hof aus betritt man durch ein großes Tor den interessantesten Teil der Burg, den Fürstentrakt. Dort stehen im ersten Hof, der düstere Majestät ausstrahlt, die innere Schloßkapelle oder

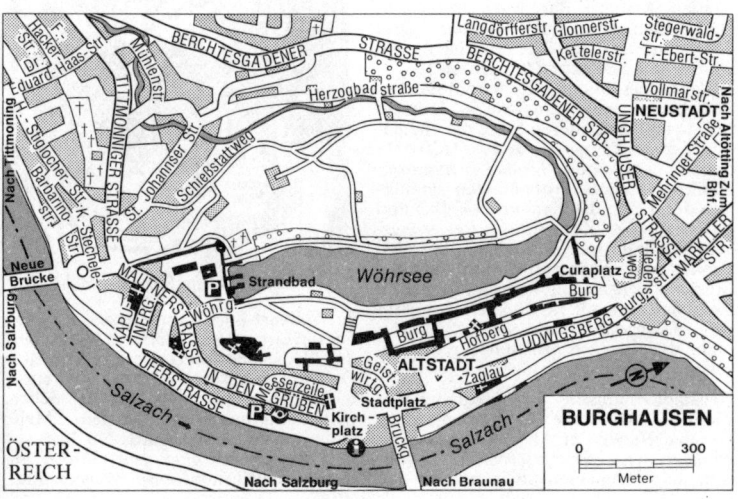

Elisabethkapelle, als älteste gotische Kirche in Oberbayern um 1475 erbaut, während Chor und Türmchen aus der Zeit um 1255 stammen, der *Dürnitzstock*

Burg und Altstadt

(d. h. heizbarer Raum für die Dienstmannen), der *Fürstenbau,* in dem heute eine Filialgalerie der *Bayerischen Staatsgemäldesammlung* untergebracht ist, und der *Kemenatenbau,* in dem sich das *Stadtmuseum* befindet. Die Museen und auch die noch original möblierten Gemächer im ersten Stock des *Palas* sind der Öffentlichkeit zugänglich.

Auf einem schmal erscheinenden Uferstrich liegt, zwischen dem Burgberg und der Salzach (nicht länger als die Burg selber), die

Altstadt. Sie hat ihr mittelalterliches Gesicht bis heute bewahrt. Durch enge Gassen, die immer von den gewaltig aufragenden Mauern der Burg beherrscht sind, kommen wir zum *Stadtplatz.* Drei Kirchen prägen das Bild des Platzes: die *Pfarrkirche St. Jakob* (14. Jh., im 18. Jh. umgestaltet), in der Häuserfront die *Rokokokirche der Englischen Fräulein* (1731) und am anderen Ende die ehemalige *Jesuitenkirche St. Josef* (1630–31) neben dem alten *Jesuitengymnasium.* Auch zwei schöne Profanbauten schmücken den Platz, das *Rathaus* (14. Jh.) und das ehemalige *Kurfürstliche Regierungsgebäude* mit drei Türmchen über den Zinnen und einem auffallend prächtigen Stuckwappen an der Fassade. Am Eingang der Altstadt *(Mautnerstraße)* steht die *Heiliggeist-Spitalkirche* (1320–26), einer der wenigen erhaltenen rein gotischen Kirchenbauten Bayerns.

Neustadt. Industrie und kommerzieller Fleiß ließen das alte Burghausen zu eng werden. Neben der Altstadt entstand eine neue Stadt mit modernen Wohnvierteln und zeitgemäßen Anlagen.

ⓘ Verkehrsamt, im Rathaus.

⇌ München – Mühldorf – Burghausen.

🏨 „Bayerische Alm".

🏨 „Glöcklhofer", „Lindacher Hof", „Post", „Burghotel".

🏨 „Bayerischer Hof", „Salzach", „Tanne", „Müllerbräu".

⚠ in der Burg. – ⌧ Sept. – Mai. –
⌇ beh. Freibad und Wöhrsee.

„Plättenfahrten" auf der Salzach (Mai – Oktober); Plätten sind Nachbildungen ehemaliger Salzkähne.

AUSFLÜGE

1. Raitenhaslach (4 km die Salzach aufwärts). 1146 wurde das Kloster vom Salzburger Erzbischof als Eigenkloster gegründet. 1240 gewannen die *Wittelsbacher* Einfluß auf das Kloster. *Bischof Pürstinger* schrieb hier 1527 seine „Deutsche Theologie" gegen die Reformation. Die Kirche des ehemaligen Zisterzienserklosters wurde 1694–98 in aufwendigem Barockstil umgebaut. Bei der im Lauf der folgenden Jahrzehnte erfolgten Innenausstattung hat u. a. *Johann Baptist Zimmermann* mitgearbeitet. Die ehemaligen Abteigebäude des 1803 säkularisierten Klosters tragen noch Anzeichen ihrer früheren reichen Ausstattung.

Klosterkirche Raitenhaslach

2. Weilhart-Forst. Jenseits des Flusses, der die Grenze zu Österreich bildet, liegt der kleine oberösterreichische Ort *Ach.* Dahinter dehnt sich der tiefe und einsame Weilhart-Forst aus, der Schauplatz des altbayerischen Romans „Meier Helmbrecht" ist. Er wurde um 1240 von dem Mönch *Wernher dem Gärtner* aus dem nahen Kloster *Ranshofen* gedichtet.

Altötting

Altötting (402 m: 10 000 Einw.) ist einer der bedeutendsten Wallfahrtsorte nördlich der Alpen. Für die Katholiken des bayerisch-österreichischen Raumes ist es ein wichtiges religiöses Zentrum. Die größte Ausstrahlungskraft hatte es im 17. und 18. Jahrhundert. Damals war seine Bedeutung mit *Loreto* oder der heutigen von *Lourdes* vergleichbar.

GESCHICHTE

Das unscheinbare *Oktogon,* der innere Teil der Gnadenkapelle, ist uralter bayerischer Boden und der älteste erhaltene Kirchenbau Deutschlands überhaupt. Ursprünglich eine (748 erstmals erwähnte) agilolfingische Grundherrschaft, wurde „Otinga" später karolingische Königspfalz. König *Karlmann* gründete 876/77 ein Stift für Weltpriester. Er ist dort begraben. Der letzte ostfränkische Karolinger, König *Ludwig das Kind,* wurde in Altötting geboren. Von 1024 bis 1039 residierte die Kaiserin *Kunigunde,* Witwe *Heinrichs II.,* in Altötting. Die *Wittelsbacher* erneuerten 1228 das in den Ungarnstürmen zugrunde gegangene Chorherrnstift und gründeten direkt am Inn eine Neusiedlung: „Neuötting". Zum Unterschied dazu bezeichnete man „Ötting" in der Folgezeit als „Altötting". Im Volksmund heißt es heute noch „Eding".

Bereits die alte Pfalzkapelle stand, wie viele karolingische Königskirchen, unter einem Marienpatrozinium. Die Wallfahrt zu dem Marienheiligtum setzte bereits 1489 ein und nahm schon bald großartige Ausmaße an. Ein besonderer Verehrer der „Muttergottes von Altötting" war *Graf Tilly,* der bayerische Feldherr des Dreißigjährigen Krieges, der auf seinen Wunsch hin auch hier begraben wurde. Heute werden jährlich etwa 500 000 Pilger gezählt, die hauptsächlich in den Sommermonaten nach Altötting kommen. Das Hauptfest ist am 15. August, dem Tag *Mariä Himmelfahrt.*

SEHENSWÜRDIGKEITEN

Das Zentrum *Altöttings,* sowohl historisch als auch was die Wallfahrt anbelangt, ist die

Gnadenkapelle [1] (auch „Heilige Kapelle" genannt). Sie besteht baulich aus zwei Teilen, dem inneren *Oktogon,* das aus dem 8. Jahrhundert stammt, und dem nach dem Aufblühen der Wallfahrt 1494 vorgebauten spätgotischen Langhaus. Gleichzeitig wurde um das Ganze ein Bogengang gezogen. *Kurfürst Ferdinand Maria von Bayern* wollte durch *Enrico Zuccali* einen großzügigen barocken Kuppelbau über die ganze Kapellenanla-

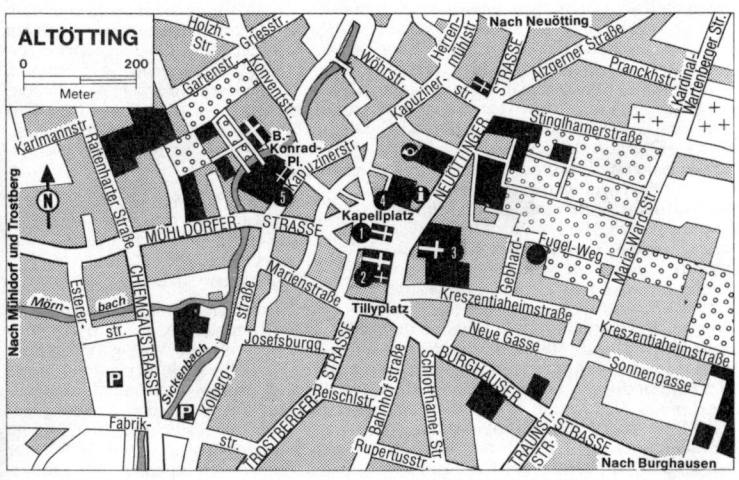

Gnadenkapelle

donna verehrend dar. Nicht nur die Ausgewogenheit der Gebärden, sondern auch die Harmonie des Details mit der großen Ausführung stellen dieses Bildwerk mit an die Spitze europäischer Plastik des 18. Jahrhunderts.

Südlich der Gnadenkapelle steht die Stifts- und Wallfahrtskirche **St. Philippus und Jakobus** [2]. Die Gründung geht auf karolingische Zeiten zurück; sie ist mindestens die dritte Kirche an dieser Stelle. Der heutige Bau wurde 1511 vollendet. Das freigelegte Westportal, die Untergeschosse der Türme und die Südwand sind noch Reste der 1499 abgerissenen romanischen Basilika. Das Innere dieser dreischiffigen Hallenkirche ist mit einer eigenwillig manierierten Anordnung der Gewölberippen ausgestattet, die einen Einfluß der *Donauschule* vermuten lassen. Das ist eine sehr interessante Form der späten deutschen Gotik, die sich zeitlich bereits mit der Renaissance deckt.

In den Fußboden des Chors ist die Grabplatte *Karlmanns* eingelassen. – Neben dem Hauptportal rechts oben an der Empore befindet sich die Uhr mit dem berühmten *Tod von Altötting,* der in jeder Sekunde einmal seine Sense schwingt. – Reich geschnitzt ist der *Orgelprospekt* (1725); von besonderem Wert sind die beiden gotischen Portale.

Durch eine Tür gegenüber dem Hauptportal kommen wir in den *Kreuzgang.* Auch diese ursprünglich romanische Anlage wurde in spätgotischer Zeit (1. Hälfte des 15. Jh.) umgebaut. – In der dem Eingang diagonal gegenüberliegenden Ecke befindet sich die *Tillykapelle* (eigentlich *St.-Peters-Kapelle,* 1425 erbaut), daneben eine *doppelstöckige Kapelle,* deren Untergeschoß früher als Beinhaus diente und heute Paramentenkammer ist. Das Obergeschoß ist die *Siebenschmerzenkapelle.*

In das Geviert des Kreuzganges hinein wurde, am Eingang, die *Sebastianskapelle* gebaut, ein Werk *Domenico Zuccalis* (1680). Das Altarrelief stammt von *Andreas Faistenberger* (1690).

An die Kirche ist, von außen zugänglich, die Schatzkammer angebaut. Hier werden die wertvollsten Votivgaben aufbewahrt. Man sollte nicht versäumen, diese reiche und interessante Sammlung anzusehen. Das Schmuckstück ist das sogenannte *Goldene Rößl,* eine französische Goldschmiedearbeit um 1400. In feinster Arbeit, kunstreich eingelegt mit zahlrei-

ge errichten lassen. 1672 wurde damit begonnen, das Bauvorhaben mußte jedoch 1678 wegen Geldmangels eingestellt werden. Die Fundamente stecken noch im Boden und zeigen die großartigen Ausmaße des Entwurfs.

Wir gehen zunächst durch den Umgang um die Kapelle herum. Dieser Umgang hängt voll von *Votivbildern,* die in anschaulicher und oft derb-volkstümlicher Art von Wunderheilungen berichten. Am Boden liegen schwere Holzkreuze, die Pilger in Ausführung eines Gelübdes um die Kapelle tragen.

Vom Westende her betreten wir den äußeren Teil der Kapelle. Der Raum wirkt durch den schwarzen Stuckmarmor, mit dem er ausgekleidet ist, kleiner, als er in Wirklichkeit ist. Auch hier hängen über und über Votivgaben und -bilder. Der innere Teil, das Oktogon, ist ebenfalls ganz schwarz gehalten. An der Stirnwand steht das *Gnadenbild* (14. Jh.). Die kleineren silbernen *Votivgaben* werden in diesem innersten Teil der *Kapelle* in vier großen Glasvitrinen aufbewahrt. Auf der rückwärtigen Seite stehen die *silbernen Urnen* mit den Herzen von toten *bayerischen* Fürsten, darunter das König *Ludwigs II.,* und – in von *Johann Baptist Straub* entworfenen Urnen – die Kaiser *Karls VII. Albrecht* und der Kaiserin *Amalia.* Rechts neben dem Gnadenaltar steht als Votivgabe die lebensgroße Silberstatue des zehnjährigen *Kurprinzen Maximilian Joseph* (späteren *Kurfürsten Maximilian III. Joseph;* 1745 bis 1777), ein Meisterwerk des Rokokobildhauers *Wilhelm de Groff.* Es stellt den Kurprinzen kniend, mit geneigtem Kopf die Machen Edelsteinen, stellt es die Madonna in einem „Rosenhag" dar; vor ihr knien der französische König *Karl VI.* und ein Ritter. Ein Reitknecht hält den Schimmel, das Pferd des Königs, das in Gold mit weißem Emailleüberzug gearbeitet ist. Davon hat das ganze, nur 62 cm große Bildwerk den Namen.

(Führungen werktags um 8.00, 10.15, 13.00, 14.00, 15.00 und 17.00 Uhr, sonn- und feiertags 9.30 und 11.00 Uhr, nachmittags wie an Werktagen. Gruppenführungen jederzeit. Eintrittsgeb.)

Am *Kapellplatz,* der *Gnadenkapelle* gegenüber, steht in der Häuserfront die

Kirche St. Magdalena [3], 1593 erbaut und 1697 von Grund auf geändert, im Stil des typischen Jesuitenbarock.

Ebenfalls am Kapellplatz befindet sich das

Heimatmuseum [4]. Es enthält u. a. eine reiche Ausstellung volkskundlich wertvoller Votivtafeln des 17./18. und 19. Jahrhunderts. *(Tagsüber durchgehend geöffnet. Eintrittsgeb.)*

Vom *Kapellplatz* westlich führt der *Kapuzinerberg* hinunter zum *Bruder-Konrad-Platz.* Hier steht die

Bruder-Konrad-Kirche (früher *St.-Anna-Kirche*) [5], 1654−57 erbaut, 1754 erweitert. Die Innenausstattung ist modern (1957). In dieser Kirche steht der Sarg des *heiligen Bruders Konrad von Parzham.* Ebenfalls am *Bruder-Konrad-Platz* erhebt sich die 1910−12 erbaute offizielle Pilgerkirche, die *St.-Anna-Basilika.*

Altötting hat für denjenigen, der aus religiösen Gründen die Gnadenstätte besucht, noch eine Menge weiterer Sehenswürdigkeiten eingerichtet: ein Marienfilm „Unsere Liebe Frau" wird im neuen Haus am Kapellplatz gezeigt; er berichtet über die Geschichte und Entstehung der Wallfahrt mit eindrucksvollen Spielszenen. Auch eine Dioramenschau über die Altöttinger Marienverehrung ist zu sehen sowie ein Farbdiavortrag über das Leben und Wirken des heiligen Bruders Konrad; eine mechanische *Krippe* mit 130 Figuren von *Oberammergauer Schnitzern* (an der *Kreszentiaheimstraße*), das *Panorama,* ein Rundgemälde, das die *Leiden Christi* darstellt (am *Gebhard-Fugel-Weg*) und die „Südamerikanische Indianer-Missions-Ausstellung".

ⓘ Wallfahrts- und Verkehrsverein, Kapellplatz 2 a.

🚌 München – Mühldorf – Burghausen.

🏨 „Romantikhotel Zur Post".

🏨 „Scharnagl", „Zwölf Apostel", „Schex", „Plankl".

🏠 „Altöttinger Hof", „Pilgerheim St. Gabriel", „Münchner Hof", „Alte Post", „Raitenharter Hof", „Mühldorfer Hof".

▭ – ⌣ St. Georgen (beheizt), Inn-Flußbad.

NEUÖTTING

Neuötting (392 m; 7800 Einw.) liegt 2 km von *Altötting* entfernt. Es ist eine planmäßige Anlage des Mittelalters; den breiten, straßenartigen *Marktplatz* flankiert an jedem Ende ein Torturm. Die Stadt (seit 1321) wurde mit bedeutenden Handelsprivilegien ausgestattet.

Das Straßenbild mit den *Grabendachhäusern* erinnert an die übrigen alten *Innstädte.* Am Ende des *Marktplatzes* steht die *Pfarrkirche St. Nikolaus,* die in der Anlage gotisch ist und auf einen Plan des berühmten Baumeisters *Hans Stethaimer* zurückgeht. An der Kirche wurde über 200 Jahre lang gebaut: 1410 wurde be-

Pfarrkirche in Neuötting

gonnen, 1623 war das Gewölbe fertig eingezogen. Der Turm stand bereits 1429. Dennoch bietet die Kirche einen einheitlichen Eindruck gotischen Stils. Die Innenausstattung erfolgte dann allerdings im Barockstil.

In der kleinen *St.-Anna-Kirche* (1511) fällt am Hochaltar ein Schnitzwerk der heiligen Sippe (1515) auf, das dem Meister zugeschrieben wird, der die Flügeltüren der Altöttinger Stiftskirche schuf, und an vier Fenstern die Glasmalereien.

Route 1: Burghausen – Salzburg (79 km)

Die Route führt uns – mit einer Abzweigung – die *Salzach* aufwärts. Die Salzach, der bedeutendste Nebenfluß des Inn, ist heute auf einer langen Strecke die deutsche Staatsgrenze zu *Österreich*. Das Gebiet am westlichen Ufer der Salzach gehörte bis 1803 zum weltlichen Herrschaftsbereich des *Fürsterzbistums Salzburg*. Dieses Gebiet zählt im strengen

Wir beginnen unsere Route in

Burghausen (siehe S. 25), das wir in südlicher Richtung auf der *Bundesstraße 20* verlassen. Die Straße führt am bewaldeten Salzachufer aufwärts. Rechts am Rand des Hochufers sieht man bald nach Burghausen in reizvoller Lage die Rokokokirche *Marienberg* liegen. Die ehemalige Pfarrkirche des *Klosters Raitenhaslach* (siehe S. 26), wurde 1760–64 von *Franz Anton Mayr* erbaut.

Die Straße führt an der Abzweigung zum *Kloster Raitenhaslach* und am ,,Salzachblick" vorbei nach

Tittmoning (387 m; 5000 Einw.), 16 km. Der kleine Ort an der Salzach hat heute weniger Bedeutung. Jahrhunderte lang aber war Tittmoning die nördlichste Grenzfeste des erzbischöflich salzburgischen Herrschaftsbereiches und als Niederlage und Umschlagplatz für das Halleiner Salz, das die Salzach heruntergefahren wurde, ein zwischen Bayern und Salzburg hart umkämpfter Zankapfel. 1809 kam die Stadt zu Bayern. Durch die Grenzziehung an der Salzach entlang

Sinn nicht zu ,,Altbayern", sondern ist in seinen historischen und kunstgeschichtlichen Zusammenhängen mit Salzburg zu betrachten.

Die Salzach, eine uralte Salz- und Handelsstraße, ist insgesamt 226 km lang und entspringt an der Salzachscharte im Land Salzburg. Die Salzach gilt auch als reizvoller Kanu- und Faltbootweg. Eine Fahrt von Salzburg bis zur Mündung in den Inn beansprucht ein bis zwei Tage und ist, abgesehen von einem Grundwehr, ungefährlich.

Tittmoning: Rathaus

kam sie in einen geographisch und wirtschaftlich toten Winkel.

Durch das *Burghauser Tor* gelangen wir zum breiten, behäbigen, mit Brunnen geschmückten *Stadtplatz*. Das ,,Wagnersche Haus" und das ,,Khuenburghaus", mit einem zweistöckigen Arkadenhof, sind Beispiele für die anmutige Bürgerarchitektur des Rokoko. Charakteristisch für die Bauweise ist das sogenannte Salzburger Grabendach. Innerhalb der noch großenteils erhaltenen Stadtmauern liegt die Pfarrkirche *St. Laurentius* (1633 bis 1803; Kollegiatisstiftskirche), ein spätgotischer Bau, der 1815 zum größten Teil durch Brand zerstört wurde. Die *Augustiner-Eremitenkirche zu Allerheiligen,* 1681–83 erbaut, hat einen imposanten Hochaltar.

Die *Burg* wurde nach einer Zerstörung von 1611 durch den *Erzbischof Marcus Sitticus von Salzburg* als Jagdschloß wieder aufgebaut. Sein Wappen von 1614 befindet sich über dem Torbogen. Sehenswert ist der ,,Prälatenstock", der 1617 vom Baumeister des Salzburger Domes, *Santino Solari,* erbaut wurde. Heute beherbergt er das *Heimatmuseum.* Die *Schloßkapelle St. Michael* wurde 1693 unter *Erzbischof Johann Ernst* in einem strengen, klassizistischen Barockstil errichtet. Das Altarblatt, den Engelsturz darstellend, stammt von *Johann Michael Rottmayr* (1697).

🚋 Nächste Station Wiesmühl der Strecke Mühldorf-Freilassing.

⌂ ,,Post", ,,Wochermaier", ,,Stockhammer." – ⚠. – ⚠. – 🖂. – ᴗ. – Plättenfahrten (s. S. 26).

Wir verlassen nach Tittmoning vorerst die *Bundesstraße 20* und schlagen die in südlicher Richtung führende Landstraße ein. So kommen wir nach *Kay,* mit der spätgotischen, im 18. Jahrhundert geänderten und mit neuen Altären ausgestatteten Pfarrkirche *St. Martin.* Über *Wiesmühl* und *Weilham* (Dorfkirche *St. Johannes Baptist* von 1518) führt uns die Straße nach *Törring.* Dort stehen noch die Ruinen der Stammburg des gleichnamigen, in der bayerischen Geschichte oftmals hervorgetretenen Adelsgeschlechtes. Durch die Dörfer *Tengling* und *Taching* kommen wir nach

Waging (466 m; 5000 Einw.), 34 km. Dieser Markt ist, besonders wegen des etwa 1,5 km weiter östlich gelegenen *Waginger Sees,* ein vielbesuchtes Urlaubsziel geworden. Die Pfarrkirche *St. Martin* wurde nach einem Brand 1611 neu erbaut (Ende des 17. Jh.). Die Stuckdekorationen stammen aus der *Wessobrunner Schule.*

Der Waginger See ist ein ,,Toteissee", der in der Nacheiszeit entstand, als die Gletscher sich zurückzogen und in Vertiefungen Rückstände (Toteis) hinterließen, das sich dann später in Schmelzwasser verwandelte. Der idyllisch gelegene See, der in seinem nördlichen Teil auch Tachinger See genannt wird, ist 12 km lang und enthält Moorwasser. Fast alle Arten von Wassersport können auf ihm betrieben werden.

Waging besitzt Kur- und Erholungspark in zentraler Lage, Ruhezone mit Kneippanlage und zahlreiche Freizeiteinrichtungen; *Vogelmuseum.*

🚋 Traunstein – Waging.

🏨 ,,Wölkhammer", ,,Unterwirt".

⌂ ,,Zur Post", ,,Pension Krautenbacher", Holzhausen.

⚑ Mehrere Plätze, zum Teil am See.

🖂. – ᴗ mehrere Strandbäder.

Von *Waging* aus fahren wir auf der Straße am See entlang, vorbei an *Petting* (Pfarrkirche *St. Johannes Baptist* aus dem 16. Jh.) nach *Schönram.* Hier zweigen wir nach links ab und erreichen *über Leobendorf* die Stadt

Laufen (410 m; 5500 Einw.), 57 km. Der Ort war als Salzstadt, später als Sommersitz der Salzburger Erzbischöfe bedeutend.

Bereits 1041 wird Laufen urkundlich erwähnt, 1403 erhielt es Marktrecht, seit 1425 war es Gerichtssitz. Laufen war der Mittelpunkt der Salzachschiffahrt, wofür es durch seine Lage auf einer Halbinsel besonders geeignet war. Die Salzachschiffer vertrieben sich im Winter, wenn die Schiffahrt ruhte, die Zeit mit Laienspielen, woraus das „Laufener Komödienspiel" entstand.

Berühmt ist Laufen durch sein Stadtbild, das, ähnlich wie in *Burghausen* und *Tittmoning,* durch alte Wohnhäuser mit Erkern, Laubengängen, Giebeln und verzierten Torbögen, vor allem aber durch die Grabendächer bestimmt ist. Ein besonders schönes Beispiel ist das Haus Nr. 48 („Löwenbrauerei"). Die Pfarrkirche *St. Mariä Himmelfahrt* mit ihrem hochragenden Schiff ist die älteste gotische Hallenkirche Süddeutschlands (1330–32).

Laufen: Bogengang

Die äußere Gestalt ist rein erhalten geblieben.

Reizvoll zieht sich um die Kirche ein stimmungsvoller Arkadengang mit markanten Kreuzgewölben.

Abgesehen von den etwa 200 zum Teil schönen alten Grabsteinen ist die Kirche innen nicht mehr von kunsthistorischem Interesse. Unter der Orgelempore befindet sich ein interessantes Gemälde (1698) von den bedeutendsten Sohn der Stadt Laufen, von *Johann Michael Rottmayr;* es ist ein Epitaph für dessen Eltern. Von der Pfarrkirche führt ein Verbindungsgang (Gewölbemalereien; 16. Jh.) zur *Michaelskapelle* (heute „Maria Hilf"), einem Barockbau (1633) mit rechteckigem Grundriß.

Das *Schloß* ist älter als die Stadt. 790 wird es urkundlich zum erstenmal erwähnt. 1606 wurde es unter *Erzbischof Wolf-Dietrich* umgebaut.

Die *Salzachhalle* (1983) von Laufen ist das Veranstaltungszentrum des Rupertiwinkels.

4 km südwestlich der Stadt liegt der kleine und ruhig gelegene *Abtsdorfer See (Abtsee),* durch sein Moorwasser einer der wärmsten Seen Bayerns.

🚲 Mühldorf – Freilassing.

🏨 „Schloßhotel Abtsee", Abtsee.

🛏 „Seebad", Abtsee; „Alte Post", Rottmayrstr. 3; „Greimel", Rottmayrstr. 2; „Schmidhammer", Römerstr. 1; „Traunsteiner Hof", Tittmoninger Str. 19.

⚓ am Abtsdorfer See.

🏊 Abtsdorfer See.

Die Route führt, nun von *Laufen* aus wieder auf die *Bundesstraße 20,* durch den kleinen Ort *Niederheining,* der neben dem gotischen, zum Teil allerdings abgetragenen *Schloß Triebenbach* liegt, dessen Schloßkapelle („Maria Schnee") reich mit Wandgemälden geschmückt ist.

Über *Surheim* (Kirche *St. Stephanus*) und *Haberland* (mit der gotischen Kirche *St. Nikolaus*) kommen wir nach *Salzburghofen.* Für die Kirche dieses kleinen Ortes hat der mit der Familie *Mozart* eng befreundete fürstbischöflich salzburgische Hofstatuarius *Wolfgang Hagenauer* einen Hochaltar aus verschiedenfarbigem Marmor geschaffen (1775).

Letzter deutscher Ort der Route ist

Freilassing (423 m; 13 000 Einw.), 72 km. Die bereits nahe an den Bergen liegende Stadt hat einen wichtigen Grenzbahnhof; sein Straßengrenzübergang (s. u.) wird als Ausweichroute für die 11 km südlich gelegene Autobahn benutzt.

🚲 München – Rosenheim – Salzburg; Bad Reichenhall – Berchtesgaden; Laufen – Mühldorf – Landshut.

🏨 „Moosleitner", Wasserburger Str. 52; „Krone", Hauptstr. 26; „Rupertus", Martin-Oberndorfer-Str. 5.

🛏 „Weißbräu", Bräuhausstr. 5; „Rieschen", Auenstr. 2; „Zum Zollhäusl", Zollhäuslstr. 11; „Post", Hauptstr. 30; „Mirtlwirt", Laufener Str. 57.

📷 – 🏊 beheizt. Erholungspark „Badylon".

Der Grenzübergang (deutsche *Bundesstraße 20* zur österreichischen *Staatsstraße 155*) befindet sich gleich nach dem Ortsausgang. Von dort aus sind es noch 7 km bis

Salzburg. 79 km, dem Endpunkt unserer Route. Näheres über Salzburg und Umgebung erfahren Sie in unserem Polyglott-Reiseführer „Salzburg".

32

Route 2: Salzburg – Berchtesgaden – Prien (138 km)

Diese Route führt uns durch das *Berchtesgadener Land* und den südlichen *Chiemgau.* Wir benutzen die hervorragend ausgebaute, aber kurven- und höhenunterschiedreiche *Alpenstraße (Bundesstraße 305),* die uns durch Bergland und zwei ausgedehnte Naturschutzgebiete führt.

Wir verlassen *Salzburg* durch das *Neutor* und folgen der österreichischen *Staatsstraße 1* bis zur Grenze. Auf deutscher Seite trägt die Straße die Bezeichnung *Bundesstraße 21* und führt die *Saalach* aufwärts, westlich vorbei an

Marzoll (485 m; Gasthöfe, ⌣), 12 km. Die alte Pfarrkirche *St. Valentin* wurde schon 790 erwähnt. Nach Umbauten im 12. und 15. Jahrhundert wurde sie im 18. Jahrhundert innen neu gestaltet. Das *Schloß* war im Mittelalter Sitz der *Fröschl von Marzoll.*

Kurz danach erreichen wir

Bad Reichenhall (470 m; 18 500 Einw.), 17 km. Die Stadt verdankt ihre Bedeutung und ihre wechselvolle Geschichte dem Salz. Schon in vorrömischer Zeit finden sich Anhaltspunkte für eine Ausbeutung der Salzvorkommen durch die Kelten. Die Römer sicherten die Salzquellen durch eine Saalachregulierung. Funde in einem ausgedehnten *bajuwarischen Gräberfeld* beweisen die weitreichende Bedeutung des Ortes in jener Zeit. Um 700 schenkte der agilolfingische Bayernherzog *Theodo II.* ,,20 Öfen und Sieden", ein Drittel der Salzquellen und ein Zehntel des Salzzolles dem *Bischof Rupertus von Salzburg.* Im 12./13. Jahrhundert entrissen die Wittelsbacher Bayernherzöge das ,,reiche Hall" der Salzburger Herrschaft. Aber erst im 15./16. Jahrhundert gelangten die bis dahin im Besitz eines bürgerlichen Siedepatriziats befindlichen Salzquellen in die Hände der Herzöge. Unter *Albrecht IV.* und *Wilhelm IV.* wurden die Salinen modernisiert und technisiert. Weitere Erneuerungen folgten im 18. und 19. Jahrhundert. Mit der Eröffnung des Solekurhauses 1846 begann der Aufstieg als Heilbad.

Das ehemalige *Augustiner-Chorherrenstift St. Zeno* ist die bedeutendste Sehenswürdigkeit von Bad Reichenhall. Die Gründung durch den Salzburger *Erzbischof Konrad I.* erfolgte im Juli 1136. Die *Klosterkirche* wurde 1208 vollendet. Nach dem Stadtbrand von 1512 wurde sie 1520 im spätgotischen Stil wiederaufgebaut, wobei der romanische Baurhyth-

Bad Reichenhall: Portal von St. Zeno

mus zwar verlorenging, nicht aber hervorragende Einzelheiten, wie das Westportal aus rotem und grauem Marmor, in je vier Säulen gegliedert, von Löwen flankiert. Das *Klostergebäude* birgt einen *Kreuzgang* aus romanischer Zeit. Das Rippengewölbe wurde in gotischer Zeit hinzugefügt. In der Kapelle, in die der Ostflügel des Kreuzganges führt, steht ein Reliefbild mit der Inschrift FRIDERICUS IMP. und stellt wohl Kaiser *Friedrich Barbarossa* dar, der zu den Gönnern des Stiftes gehörte.

Herrliche Anlagen des Stadtparks und des Kurgartens führen stadteinwärts. Am Anfang der *Poststraße* steht die romanische *Spitalkirche St. Johann.* In der Getreidegasse ist das sehenswerte *Heimatmuseum.* Kurz vor dem Rathaus treffen wir auf die romanische *St.-Ägidi-Kirche.*

Beim *Rathausplatz* überqueren wir die breite *Salinenstraße* und gelangen zur *Alten Saline.* 1507−09 wurde hier von *Erasmus Grasser* der sogenannte *Hauptbrunnschacht* an der Solquelle in Marmor gefaßt. Nach seinen Plänen wurde auch der *Grabenbach* gebaut (1524 bis 1532), ein unter der Erde liegender Kanal, der mit fünf Luftschächten versehen ist und mit Kähnen befahren werden kann. Die *Kapelle* des Salinenbaus wurde von *Moritz von Schwind* ausgeschmückt. Sehr empfiehlt sich der Besuch des unterirdischen Quellenbaus.

Gegenüber erhebt sich die 1181 errichtete, im 16. und 19. Jahrhundert veränderte Stadtpfarrkirche *St. Nikolaus,* die ein

Apsisfresko und 14 Kreuzwegmedaillons von *Moritz von Schwind* enthält. Hinter dem Salinenbau steht das *Schloß Gruttenstein* (z. Tl. 13. Jh.).

Bad Reichenhall ist ein bedeutender Kurort mit erstklassigen Hotelbetrieben. Dank besonders günstiger klimatischer Bedingungen hat das „Bayerische Staatsbad Reichenhall" Weltruf als Spezialheilbad gegen Erkrankung der Atmungsorgane, rheumatische Erkrankungen, Kreislauf- und Durchblutungsstörungen u.a. Darüber hinaus ist Bad Reichenhall beliebter Ferienort und Wintersportplatz. Es hat eine *Spielbank* mit Roulette und Bakkarat.

ⓘ Kur- und Verkehrsverein, im Hauptbahnhof-Nebenbau.

⇌ München – Berchtesgaden.

🚠 Predigtstuhlbahn, Stadtberglift.

🏨 „Steigenberger Axelmannstein", „Panorama", „Kurhotel Luisenbad", „Bayerischer Hof", „Excelsior", „Erika", „Tiroler Hof", „Salzburger Hof".

🏨 „Sonnenbichl", „Bürgerbräu", „Deutsches Haus", „Alpina", „Tivoli", „Reseda", „Traunfeldmühle", „Falter", „Almrausch", „Vier Jahreszeiten", „Aurora".

△. – 🏠. – 𐎓 Thumsee, Schwarzach.

Ausflüge:

1. Karlstein ist ein Ortsteil der Stadt jenseits der Saalach. Die Gräberfunde am Langacker zeigen über 300 Brandgräber und Reste von Siedlungen aus dem 1. bis 3. Jahrhundert n. Chr. Nahe dem Ort steht auf einem Felsen die Ruine der mittelalterlichen *Burg Karlstein.*

2. Predigtstuhl. Eine sehr schöne Aussicht bietet eine Fahrt auf diesen Berg mit der 1928 erbauten Kabinenbahn (🚠). Die Talstation befindet sich nahe der *Luitpoldbrücke,* die Bergstation (Restaurant) liegt 1614 m hoch. Von dort aus ergibt sich die Möglichkeit zu zahlreichen Bergwanderungen und Skiabfahrten.

Wir verlassen *Bad Reichenhall* auf der *Berchtesgadener Straße (B 20),* die zunächst durch den Ortsteil *Bayerisch Gmain* und dann über die alte Paßbefestigung *Hallthurm* führt. Der Straße weiter folgend, gelangen wir nach

Bischofswiesen (700 m; 8000 Einw.). Bergwanderwege erschließen die nahegelegene Gebirgswelt von Untersberg und Lattengebirge. Neben beheiztem Schwimmbad gibt es eine Allwetter-Tennis- und Squash-Anlage, eine Reitanlage sowie im Winter zahlreiche Skilifte.

🏨 „Brennerbascht", „Mooshäusl", „Hundsreitlehen", „Sunnwinkl".

🏠 „Winkl-Stuben", „Watzmannstube". – △ Strub. – △ Winkl.

Berchtesgaden, 35 km, siehe Seite 18. Eine kürzere Verbindung führt über die *Alpenstraße (B 305)* von Salzburg über *Marktschellenberg* (Hotel, Gasthöfe) nach Berchtesgaden.

Ramsau (668 m; 1800 Einw.; Hotels, Gasth., △), 44 km. Die *Ramsau,* mit dem Dorf *Ramsau* als Mittelpunkt, ist ein in der Talweitung der Ramsauer Ache gelegener Sommerkurort und Wintersportplatz (vor allem am Schwarzeck) mit modernen touristischen Einrichtungen (8 Lifte, Skischule usw.). An der Lehne eines Hügels liegt die Wallfahrtskirche *Maria Kunterweg,* ein stilvoller und reiner

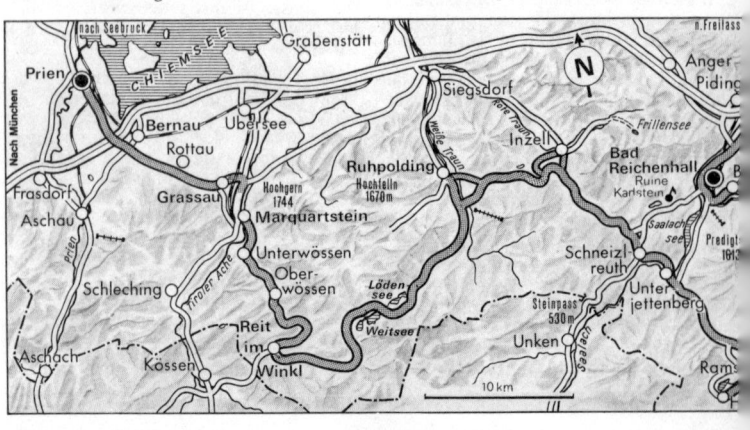

Spätbarockbau, der 1733 vollendet wurde. Etwas weiter talaufwärts gelangt man zum

Hintersee (790 m), einem nur 1 km langen und wenige hundert Meter breiten Bergsee inmitten romantischer Waldlandschaft. Hinter dem See türmt sich das Felsmassiv der *Reiteralpe* auf; gegenüber liegt das *Blaueismassiv* mit dem nördlichsten Gletscher der Alpen.

🏠 „Gamsbock", „Alpenhof".

Von der *Ramsau* folgen wir weiter der *Alpenstraße* über *Unterjettenberg* und überqueren dann wieder die Saalach. Nach dem Ort mit dem schwer auszusprechenden Namen *Schneizlreuth* kommen wir nach *Weißbach*. Etwa 2 km danach – die Straße steigt stark an – liegt rechts, etwas abseits von der Straße, ein *Gletschergarten* (mit eiszeitlichem Gletscherschliff). Hierauf folgt eine Abzweigung (auf der *B 306*) nach

Inzell (692 m; 3650 Einw.), 76 km. Das Dorf, das auf einem breiten, nur noch zum geringen Teil mit Moor überzogenen Hochplateau liegt, ist beliebter Ferien- und Wintersportort; moderne Eisstadion. Interessant ist der Bau des alten Gasthofes „Zur Post", der früher dem Stift *St. Zeno* in Reichenhall gehörte.

Von *Inzell* aus führt eine Nebenstraße hinauf nach *St. Nikolaus* (772 m), einer reizvoll über dem erwähnten Hochplateau gelegenen spätgotischen Kirche. Noch weiter oben, von *Inzell* aus 6 km, liegt der bekannte *Frillensee* (926 m).

🏠🏠 „Falkenstein", „Schmelz"; „Chiemgau Sporthotel"; „Ferienpark Alpina".

🏠 „Alpenhotel Gastager", „Rotwand", „Marianne", „Hubertus", „Post", „Binderhäusl".

🏠 „Schwarzberg", „Berghof", „Fantenberg".

◻. – ◿. – Kunsteisschnellaufbahn.

Von *Inzell* kehren wir zur Deutschen Alpenstraße B 305 zurück und fahren weiter in westlicher Richtung. Bald zweigt rechts die erste Straße ab nach dem 3 km entfernten

Ruhpolding: Madonna in der Pfarrkirche

Ruhpolding (691 m; 7000 Einw.), 87 km (der Ortsname wird auf der ersten Silbe betont). Der Luftkurort mit seinen hübschen Häusern und Höfen in bäuerlichem Rokoko ist eines der meistbesuchten Ferienziele Oberbayerns. Das in einer Talweitung der *Weißen Traun* gelegene Dorf verdankt dem Fremdenverkehr und vor allem dem Wintersport einen geradezu stürmischen Aufstieg. Die Zahl der Häuser hat sich seit 70 Jahren verzehnfacht.

Die Pfarrkirche *St. Georg*, 1738–57 nach Plänen von *Johann Gunetsrhainer* erbaut, gehört zu den reizvollsten bayerischen Landkirchen. Ihr Inneres ist in wirkungsvolle Lichtverhältnisse getaucht.

Ein reichhaltiges *Heimatmuseum* befindet sich im ehem. *Herzogl. Jagdschloß*.

Ruhpolding bietet vielfältige Möglichkeiten zum Wintersport: Eissporthalle, 40 km Skiabfahrten, 60 km Langlaufloipen, 20 Schlepplifte und Rodelbahn.

ⓘ Kurverwaltung, Hauptstraße 60.

🚌 Traunstein – Ruhpolding.

🚡 Rauschberg-Kabinenbahn (1634 m; Rest.); Rauschberg-Südhangbahn (1630 m); Steinbergalm-Sessellift (1250 m); Unternberg-Sessellift (1450 m; Berggaststätte).

🏠🏠🏠 „Steinbach", „Zur Post", „Ruhpoldinger Hof", „Flora".

🏠 „Europa", „Diana", „Seehaus", „Plenk", „Almhof", „Neuwirt", „Alpina", „Sonnenbichl".

🏠 „Fritz am Sand", „Fischerwirt", „Vier Jahreszeiten", „Fuchs", „Maiergschwendt", „Forsthaus".

⚠ (auch Wintercamping).

◻. – ◿ beheizt.

Wir kehren zurück zur *Alpenstraße (B 305)*, die uns nun über *Laubau* und *Seegatterl* durch ein besonders schönes Stück bayerischen Alpenlandes führt, durch das Naturschutzgebiet zu Füßen des *Sonntagshorns* und *Dürrnbachhorns*, vorbei an drei malerisch gelegenen Seen (*Lödensee, Mittersee* und *Weitsee*) bis nach

Reit im Winkl (695 m; 2600 Einw.), 105 km. Der inmitten majestätischer Berglandschaft gelegene Luftkur- und Wintersportort ist in den letzten Jahren zu wachsender touristischer Beliebtheit gekommen. Zu Reit gehören auch: *Eggenalm, Winklmoosalm* (⌂) *Hemmersuppenalm, Scheibelberg, Möseralm.*

🚌 Prien – Reit im Winkl.

🚡 Sessellifte Walmberg (1061 m) und Winklmoosalm – Dürnbachhorn (1700 m).

🏨 „Unterwirt", „Steinbacher Hof", „Sonnwinkl", „Am Hauchen", „Osterrath", „Altenburger Hof".

🏨 „Post", „Löwen", „Sonnleiten", Postillon", „Sonneck".

⌂ „Brotzeitalm", „Alpenhof", „Peckelsen". – ⚠ 2 Plätze (ganzj.).

🏊. – ⌣ beheizt.

Die *Alpenstraße* führt von *Reit im Winkl* durch landschaftlich schönes Gebiet hinunter nach *Oberwössen* (650 m; ⌂, ⚠) und weiter nach

Unterwössen (556 m; 2700 Einw.), 116 km, einem Ferienort im Tal der *Tiroler Ache.* Bekannt ist die *Deutsche Alpensegelflugschule,* die hier ihren Flugplatz hat.

🚌 Prien – Reit im Winkl.

🏨 „Zur Post".

⌂ „Zum Bräu". – ⚠ im Ortsteil Brem.

🏊. – ⌣ am Wössener See.

Von *Unterwössen* aus sollte man es nicht versäumen, einen etwa 8 km langen Abstecher in das *Achental* hinauf zu machen. Er führt über *Raiten* (mit der romanischen Kirche *St. Maria,* hinter deren Hochaltar sich spätgotische Fresken befinden) und *Schleching* (Rokokokirche St. Remigius; 🚡, Hotels, ⚠, ⌣) zu der 810 m hoch auf einer ins Achental vorspringenden Bergzunge gelegenen *St.-Servatius-Kapelle* auf dem *Streichen,* die mit dem Auto nicht zu erreichen ist. An dieser aussichtsreichen Stelle stand möglicherweise ein heidnisches Heiligtum.

Die außen schlichte Kapelle ist mit ihrer spätgotischen Wandmalerei und Ausstattung ein Juwel. Die Fresken im Altarraum wurden erst 1943 wiederentdeckt.

Kapelle auf dem Streichen

Von *Unterwössen* erreichen wir nach kurzer Fahrt

Marquartstein (542 m; 2900 Einw.), 119 km. Der heute beliebte Kur- und Wintersportort geht auf eine Gründung des Edlen Herrn *Marquart II.* aus dem Geschlecht der *Chiemgaugrafen* zurück, der 1072 dort eine Burg errichtete. Sie ist in ihrer äußeren spätgotischen Gestalt erhalten.

Im Landhaus „De Ahna" am Burgweg verbrachte *Richard Strauß* die Sommermonate der Jahre 1897 bis 1907 und vollendete hier u. a. die Partituren von „*Salome"* und der „*Elektra".* In dem Anfang des 20. Jahrhunderts erbauten *Schloß* ist ein Landschulheim untergebracht. Marquartstein ist Ausgangspunkt für Bergwanderungen auf den Hochgern und die Hochplatte.

🚌 Prien – Reit im Winkl.

🚡 Hochplattenbahn (550–1050 m).

🏨 „Prinzregent". – ⌂ „Weßnerhof", „Altdeutsche Bier- und Weinstuben", „Alpenrose", „Burgcafé".

Nun führt uns die Route ins hügelige Voralpenland. Über *Grassau* (Hotels, ⌣; spätgotische Pfarrkirche *St. Mariä Himmelfahrt;* im 18. Jh. umgebaut) und *Rottau* nähern wir uns dem *Chiemsee.* Kurz nach *Bernau* fahren wir unter der Autobahn *München–Salzburg* hindurch und erreichen den am See gelegenen Ort

Prien, 138 km, siehe Seite 40.

Route 3: Rund um den Chiemsee

LAGE, GRÖSSE UND ENTSTEHUNG

Der Chiemsee (503 m über dem Meer) ist der größte bayerische See. Seine Oberfläche mißt 84,5 km². Die weitesten Ausdehnungen sind 18 km der Länge und 14 km der Breite nach. An der tiefsten Stelle ist er 73 m tief. Seine Zuflüsse sind die Flüsse *Prien, Rott* und vor allem die *Tiroler Ache.* Der Abfluß erfolgt durch die *Alz* nach Norden in den *Inn.* Der See und seine Umgebung, der *Chiemgau,* sind in der einmalig schönen Lage am Übergang des flachen Landes ins Gebirge als eines der reizvollsten Gebiete Oberbayerns nicht nur eine landschaftliche Sehenswürdigkeit, sondern auch ein uralter Kulturboden von hohem historischen Interesse.

Der Chiemsee ist eine Folge der Eiszeit. Wie überall im Alpenvorland lagerten hier gewaltige Eiszungen, die den Schutt des Gebirges vor sich her schoben und am Rand als Moränen ablagerten. Diese unregelmäßig hügeligen, meist nach Norden flach abfallenden Moränen charakterisieren auch den Chiemgau. Der Gletscher selbst ließ, als er nach der Eiszeit zurückging, in seiner Mulde einen ehemals viel größeren See zurück, der allmählich versumpfte und verlandete. Der größte zusammenhängende Rest ist der Chiemsee. Von seiner Entstehung zeugen die vielen kleinen Seen, die nahe seinen Ufern liegen (*Seeoner See, Hartsee, Pelhamer See, Tabinger See* usw.).

Der See hat drei Inseln, die sich bis zu etwa 20 m über die Wasserfläche erheben. Die größte ist die *Herreninsel* (2,5 km im Dreieck). Die *Fraueninsel* ist etwa 0,7 km lang. Die kleinste, die *Krautinsel,* ist unbewohnt.

Wegen seiner klimatischen Lage, seiner Größe und seiner Gebirgsnähe ist der See als ,,launisch" bekannt; er neigt zu plötzlichem, nicht ungefährlichem Wellengang.

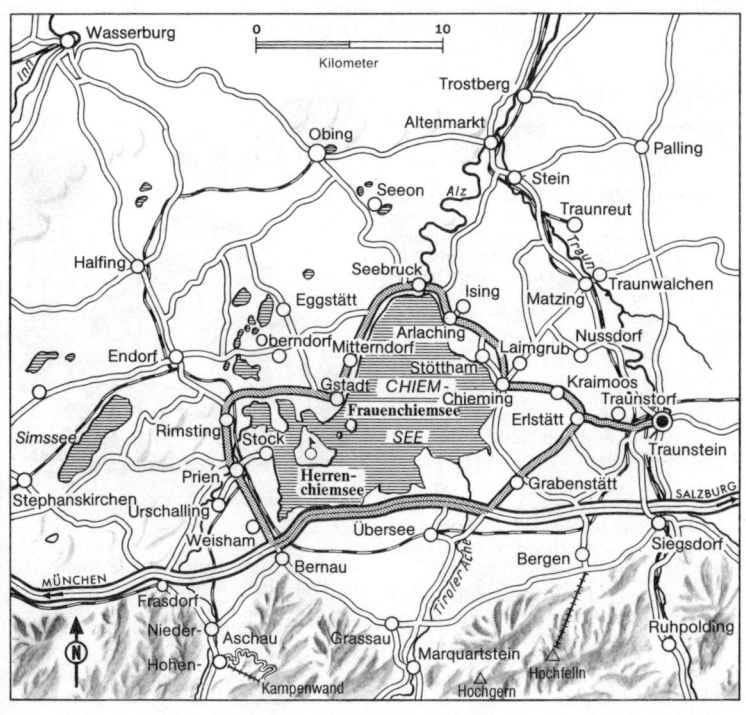

Der ganze Chiemsee ist ein beliebtes Segelgebiet. Außerdem gibt es Gelegenheit zum Baden und zu Bootsfahrten in nahezu jedem Uferort.

GESCHICHTE

Bereits in römischer Zeit war das Ufer besiedelt. Die Legende will wissen, daß *Pontius Pilatus* in einem der römischen Kurbäder am Chiemsee gestorben sei. Reste aus der Römerzeit finden sich u. a. in *Seeon* und *Seebruck*.

Im Mittelalter bildete das Gebiet um den See ein Bistum, das auch Reichsfürstentum war (1215–1805). Sitz des Bischofs war vermutlich der Chiemseedom auf der *Herreninsel*, tatsächlich residierte er jedoch in Salzburg, so auch der letzte Fürstbischof, *Graf Waldburg-Zeil*.

Während im Mittelalter die beiden Klöster auf den Inseln von Bedeutung waren, wurde die Herreninsel mit dem Bau des *Neuen Schlosses* durch König *Ludwig II.* ein künstlerisch nicht unumstrittener, aber touristisch erstrangiger Anziehungspunkt.

Fischerei und Schiffahrt werden auf dem See seit alter Zeit betrieben; Dampfschiffahrt gibt es seit 1845.

FAHRT UM DEN SEE

Die Route führt uns gegen den Uhrzeigersinn um den Chiemsee herum. Sie beginnt und endet in

Traunstein (600 m; 17 000 Einw.). Hier führte zur Römerzeit die Straße *Salzburg – Augsburg* über die *Traun*. Nachdem seit dem 10. Jahrhundert verschiedene Chiemgauer Geschlechter den Ort mit der – heute nicht mehr bestehenden – Burg besessen hatten, fiel er 1229 an *Bayern*. Schon früh begründete der Salzhandel Reichtum und Bedeutung der Stadt. 1346 legte Kaiser *Ludwig der Bayer* die „Güldene Salzstraße" von Reichenhall über Traunstein nach München an. Das große Sudwerk aus der Zeit *Herzog Maximilians* arbeitete bis 1910.

Besonders hervorzuheben sind die Kneippanlagen, die bereits seit über fünfzig Jahren bestehen. Traunstein verfügt über ein ausgedehntes Netz (insgesamt 70 km) reizvoller Wanderwege.

Ein Rundgang durch die Stadt beginnt am *Stadtplatz*. Hier steht die Pfarrkirche *St. Oswald*, die in ihrer heutigen Gestalt nur etwa hundert Jahre alt ist; der erste Nachweis dieses Gotteshauses wird jedoch bereits im Jahre 1342 erbracht. Der Hochaltar (1731) ist ein Rest der ehemals prachtvollen Innenausstattung.

Am westlichen Ende des *Stadtplatzes* befindet sich in einem der ältesten Bürgerhäuser, der ehemaligen Zieglerwirtschaft, und dem einzigen noch erhaltenen Stadtturm, dem sog. Brothausturm, das *Museum Heimathaus Traunstein* mit heimatkundlichen Sammlungen. Ebenfalls am *Stadtplatz* steht der *Liendl-* (= St.-Leonhards-)*Brunnen* (1525/26).

In einer Grünanlage zwischen der *Bahnhof-* und *Ludwigstraße* steht die *Gottesackerkirche St. Georg und Katharina*, ein kurioses Stilgemisch, 1639 im Stil der Gotik erbaut. Im Stadtpark ist ein *Städtisches Kulturzentrum* entstanden.

Unterhalb der *Altstadt*, im Stadtteil *Au*, lag die Saline. Von ihr ist noch die Salinenkapelle *St. Rupert* erhalten. Dieses Kirchlein wurde 1630 erbaut. Es ist eigentlich ein kleiner Zentralbau um einen quadratischen Grundriß, um den zwar uneinheitliche, aber reizvolle Anbauten angefügt wurden. Er ist von einem kleinen achteckigen Zwiebelturm gekrönt. Die Fresken im Innern stammen aus dem 17. Jahrhundert und wurden erst 1928 wieder entdeckt.

Traunstein: Salinenkapelle

Alljährlich am Ostermontag findet von der Pfarrkirche in Traunstein nach *Ettendorf* und zurück ein Georgiritt (mit historischem Schwertertanz) statt.

Zu Kneippkuren stehen fünf Anlagen zur Verfügung: *Empfinger-* und *Unterforsthuberanlage*, Tretbecken „*Saukaltes*

Blick auf die Fraueninsel im Chiemsee

Bründl", das *Armbad* und die *Sparzergrabenanlage*.

🚂 München – Salzburg; Waging; Ruhpolding.

🏨 „Traunsteiner Hof", „Auwirt", „Hochberg".

🍴 „Stürzer", „Sailerkeller", „Rosenheimer Hof", „Sternbräu", Rührgartner".

⚠ Trauner Str. 22 – 🏊 beheizt.

Um auf unsere Route um den Chiemsee zu gelangen, verlassen wir Traunstein in westlicher Richtung auf der *Äußeren Rosenheimer Straße*. An der Straße liegen an jeweils kurzen Abzweigungen *Traunstorf* (rechts) und *Erlstätt* (links; spätgotische Kirche *St. Peter*). Hinter *Kraimoos*, 7 km von Traunstein, zweigen wir links ab.

1 km nach der Abzweigung liegt links, einige hundert Meter von der Straße entfernt, der Weiler *Aufham* mit einer barocken Kapelle, in der eine Holzplastik des bedeutenden bayerischen Rokokobildhauers *Johann Georg Lindt* steht. Dann folgt

Chieming (532 m; 3500 Einw.), 9 km. Hier erreichen wir das Chiemseeufer. In der neugotischen Pfarrkirche *Mariä Himmelfahrt* (1882) sind drei fälschlich für Grabsteine gehaltene römische Inschriftsteine von Interesse. Unmittelbar am See steht der prächtige alte *Pfarrhof* (etwa 1530) mit einem achteckigen Turm. Chieming ist ein beliebter Erholungsort und hat einen gepflegten Badestrand.

🚢 Chiemseeschiffahrt.

🏨 In Ising (s. unten).

🍴 „Zenz", „Goriwirt", „Zur Post", „Berghof".

⚠ – 🏕 – 🏊.

An der Straße, die direkt am Seeufer entlangführt, liegt *Stöttham* (spätgotische Kirche *St. Johann Baptist*). Wir folgen aber der Straße, die vom Seeufer wegführt, und erreichen auf der Hauptstraße Traunstein–Seebruck *Arlaching* und das dahinterliegende

Ising (558 m; 700 Einw.), 13 km. Die Wallfahrtskirche *Mariä Himmelfahrt* liegt auf einer Anhöhe und ist weit ins Land hinein sichtbar. Die ursprünglich gotische Kirche wurde 1751 umgestaltet und mit einem Hochaltar aus rotem Marmor versehen. Das Schloß ist neugotisch.

In neuerer Zeit wurde Ising als Zentrum des Reitsports bekannt. Hier werden Reitkurse abgehalten, und auf die Möglichkeit der „Reiterferien" sei hingewiesen. Ein schönes Beispiel für einen altbayerischen Gasthof ist „Zum Goldenen Pflug" (🏨).

Wir nähern uns nunmehr wieder dem Seeufer. Kurz nach *Arlaching* folgt am Nordende des Chiemsees

Seebruck (526 m; 1000 Einw.), 17 km. Hier, wo die *Alz* aus dem See fließt, gab es schon zur Römerzeit eine Siedlung. Eine Brücke führte über die Alz, zu deren Schutz die Römer ein kleines Kastell anlegten (zwei antike Altarfragmente im Vorraum der Kirche St. Thomas). Im Chiemseepark Sport- und Freizeitanlagen. Großer moderner Segelhafen. Den Gasthof „Post" hatte die Mutter Ludwig Thomas gepachtet.

🚂 Traunstein und Prien – 🚢.

🏨 „Post", „Wassermann". – „Lambachhof", Lambach.

🍴 „Kaltner", „Seeblick". – „Malerwinkel", Lambach.

⚠ – 🏕 – 2 🏊.

39

Von *Seebruck* aus, das am nördlichsten Punkt des Chiemsees liegt, führt eine Straße nach *Seeon* (siehe S. 48), wir aber folgen der Krümmung des Sees nach Südwesten. In *Gollenshausen* lohnt sich ein Aufenthalt wegen des großen Badestrandes. Sehenswert ist auch das Wandgemälde an der südlichen Außenwand der Kirche *St. Simon und Judas,* das „Jüngste Gericht", ein bemerkenswertes Denkmal gotischer Wandmalerei (um 1430). Auf *Mitterndorf* und den der Fraueninsel gegenüberliegenden beliebten Fremdenverkehrsort *Gstadt* (spätgotische Kirche *St. Peter und Paul*) folgen die weiteren kleinen Uferorte *Breitbrunn, Wolfsberg, Hochstätt* und *Rimsting.* Dann erreichen wir den Luft- und Kneippkurort

Prien am Chiemsee (532 m; 8950 Einw.), 39 km. Es ist die größte und bedeutendste Ansiedlung am Chiemsee. In der spätgotischen Pfarrkirche *Mariä Himmelfahrt* (1472 erbaut, 1735−40 umgebaut) stammt das Deckenfresko („Seeschlacht von Lepanto") von *J. B. Zimmermann. – Heimatmuseum* in der Ortsmitte.

⎋ München–Salzburg.

⛴ Chiemseeschiffahrt (Pr.-Stock).

🏨 „Aparthotel Charivari", „Sport- und Golfhotel", „Kur- und Sporthotel Charivari".

🏨 „Bayerischer Hof", „Reinhart", „Feldhütter", „Fischer am See", „Westernacher".

⛵ „Lindenhof", „Schützenhaus". – „Stocker", Atzing. △. – △. – 🗁. – ↪.

Unmittelbar am See, etwa 2 km von *Prien* entfernt und mit ihm durch eine noch aus dem 19. Jahrhundert stammende Lokalbahn verbunden, liegt *Stock* mit der Schiffsanlegestelle. Von hier aus gibt es die Möglichkeit entweder zu einer Schiffsrundfahrt (sie dauert etwa 2¾ Std. und berührt die *Inseln, Gstadt, Seebruck* und *Chieming*) oder zu einer Fahrt direkt auf die Chiemseeinseln. – Innerhalb des Freibadegeländes am See wurde ein neues Warmbad errichtet.

Ausflüge

1. Urschalling liegt 2,5 km westlich von *Prien* abseits der Hauptstraße. In dem Kirchlein *St. Jakob* wurden 1941/42 Fresken entdeckt, die in Thematik und Ausdruck zu den bedeutendsten mittelalterlichen Fresken Bayerns zählen. Es handelt sich um einen ganzen Zyklus von Darstellungen aus dem *Alten* und *Neuen Testament,* der im späten 14. Jahrhundert

gemalt wurde. Unter diesen Fresken liegt, wie an zwei Stellen zu sehen ist, ein noch älterer (frühes 13. Jh.) Freskenzyklus. (*Der Schlüssel zur Kirche ist in der Wirtschaft Mesner-Stube zu bekommen.*)

2. Kampenwand (1669 m). Wir fahren das Tal der Prien aufwärts, wo wir – die Autobahn bei *Frasdorf* überquerend – über *Niederaschau* (spätgotische Pfarrkirche *St. Maria;* 1652 umgestaltet) *Hohenaschau* erreichen (mächtiges, aus dem Mittelalter stammendes Schloß). Hier nimmt die 2500 m lange Kabinenbahn auf die Kampenwand ihren Anfang. Die Bergstation liegt 1464 m hoch.

Ganz hinten im Tal, fast an der tirolischen Grenze, liegt ruhig das Dorf *Sachrang* mit der stilreinen, 1688/89 von *Lorenzo Sciasca* erbauten Pfarrkirche *St. Michael* (Gasth.; △).

*

Die Chiemseerundfahrt führt uns von *Prien* aus über *Weisham* zur Bundesautobahn-Anschlußstelle von *Bernau* (Hotels, Gasth., △; 🗁, ↪). Von hier aus benutzen wir die Autobahn entlang dem sumpfigen, kaum besiedelten Südufer des Sees. Bei *Grabenstätt* verlassen wir die Autobahn und fahren über *Unterwinkel, Grabenstätt, Marwang* und *Erlstätt* wieder nach

Traunstein, 75 km, siehe Seite 38.

DIE CHIEMSEEINSELN

Wir erreichen die Inseln von *Prien-Stock* aus. Das Schiff fährt in etwa 15 Minuten zur Herreninsel. Von dort geht entweder eine direkte Fahrt oder eine Fahrt mit dem Umweg über *Gstadt–Breitbrunn* zur Fraueninsel. Zwischen *Bernau-Felden* und der Herreninsel besteht Überfahrtsmöglichkeit.

Die drei Inseln, *Herreninsel, Fraueninsel* und *Krautinsel,* bilden eine eigene Gemeinde („Inselgemeinde") mit 740 Einwohnern. Die größte Anziehungskraft auf die Gäste hat

Herrenchiemsee (oder *Herrenwörth*). Lange nach der ersten Blüte des geistlichen Lebens auf der Fraueninsel wurde auf Herrenwörth ein *Augustiner-Chorherrenstift* gegründet (1130). Die kurz darauf erbaute Kirche – die bis 1805 Dom des Chiemseebistums war – wurde 1684 von *Lorenzo Sciasca* kostbar umgestaltet, nach der Säkularisation wurden die Türme abgerissen. Das Stiftsgebäude diente als Brauerei. Die Kirche soll re-

Schloß Herrenchiemsee

stauriert werden. König Ludwig II. von Bayern ließ 1878−1885 auf der Insel eine (unvollendete) Nachbildung des Schlosses von Versailles erbauen. Obwohl es bloße Kopie ohne eigenen schöpferischen Wert ist, macht die großzügige Anlage inmitten des Parks (Wasserspiele) am See einen großen Eindruck.

Da sind die *Wohnräume des Königs:* das *Schlafzimmer,* in dem Ludwig II. insgesamt 23 Nächte verbrachte, das *Arbeitszimmer,* das *Ruhezimmer,* das *Speisezimmer* mit dem „Tischleindeckdich", einem versenkbaren Tisch. Überaus prunkvoll ist die Ausstattung des *Parade-Schlafzimmers,* das nie benutzt wurde. An den schweren Goldvorhängen haben allein zwanzig Stickerinnen sieben Jahre lang gearbeitet. Höhepunkt der Schloßbesichtigung ist die 75 m lange *Spiegelgalerie:* 17 hohen Fenstern entsprechen 17 ebenso hohe Spiegel.

(*In den Sommermonaten täglich Führungen durch das Schloß; im Spiegelsaal finden Kammerkonzerte statt.*)

*

Frauenchiemsee. Der Mittelpunkt der Insel und der Gemeinde (519 m; 370 Einw.) ist das *Kloster Frauenchiemsee.* Nach neuerer Forschung ist als Gründungsjahr des Klosters 766 anzunehmen. Im 9. Jahrhundert wirkte hier als Äbtissin die *selige Irmingard,* Tochter König *Ludwigs des Deutschen.* Das heute noch bestehende Kloster war in der Säkularisationszeit nur für wenige Jahre aufgehoben. Die Benediktinerinnen auf Frauenchiemsee unterhielten bis 1983 ein neusprachliches Gymnasium und Vorseminar für soziale Frauenberufe.

Von der Schiffsanlegestelle führen uns wenige Schritte hinauf zum *Münster.* Auffallend zunächst und weithin sichtbar ist der frei stehende achteckige Turm, den eine mit grauschimmernden Schindeln bedeckte Zwiebelhaube krönt. Um in das Münster zu kommen, durchqueren wir den kleinen Friedhof.

Eine Vorhalle mit wertvollen Grabsteinen trennt den Friedhof vom Portal des Münsters. Auffallend an diesem alten eisenbeschlagenen Portal ist ein romanischer Türgriff in Form eines Löwenkopfes und die in Jahrhunderten tief ausgetretene Schwelle.

Der Gesamteindruck des Innenraumes wurde durch den letzten Umbau (1468 bis 1476) bestimmt. Der Chorumgang stammt vermutlich aus dem 12. Jahrhundert. In den zwanziger und sechziger Jahren wurden in den drei Bogenwölbungen links und rechts vom Altar und im unzugänglichen Dachraum des Münsters Fresken (romanische Wandmalereien aus dem 12. Jahrhundert) entdeckt (Abbildung siehe Seite 11).

An den Kirchenraum schließen die *Irmingardkapelle* (hinter dem Altar), die *Maria-Mitleid-Kapelle* (am linken Seitenschiff; mit einem auffallend schönen Grabstein) und − als Fortsetzung des Mittelschiffes nach hinten − die *Taufkapelle* an. Vor ihrem Eingang steht das Grab der *seligen Irmingard.* Innen sieht man die zierlichen Säulen der romanischen Vorhalle („Paradeis"). Ein nicht mehr als halbstündiger Spaziergang führt uns um die Insel herum. Herrliche Ausblicke auf den See, den Kranz der Uferorte und die Berge ergeben sich von vielen Stellen.

Frauenchiemsee

Route 4: Wasserburg – Rosenheim – Kufstein (85 km)

Diese Route führt uns auf der linken Seite des Flusses das *Inntal* aufwärts. Der *Inn* ist der größte und wasserreichste Fluß *Oberbayerns* und der bedeutendste Nebenfluß der oberen *Donau*. Er ist 510 km lang. Die Floß- und Schiffahrt auf ihm war früher trotz des verhältnismäßig starken Gefälles ein wichtiger Wirtschaftszweig der Innstädte, die als Umschlagplätze für die Montanerzeugnisse *Tirols* (Silber, Kupfer, Salz) zu Reichtum und Ansehen kamen. Der *Inn,* der bei *Kufstein* nach dem Durchbruch der nördlichen Kalkalpenkette nach Bayern übertritt, bildet hier das breite, fruchtbare *Inntal.*

Rott am Inn: Klosterkirche

Wir verlassen *Wasserburg* (siehe S. 22) in südlicher Richtung auf der *B 15* und erreichen bald den Wasserburger Stadtteil

Attel (479 m; 3600 Einw.), 7 km. Der kleine Ort auf dem Hochufer des Inn ist durch sein ehemaliges Benediktinerkloster berühmt. Schon in karolingischer Zeit ist eine Mönchszelle an dieser Stelle nachweisbar.

Im Dreißigjährigen Krieg wurde das Kloster von den Schweden geplündert, erstand aber bald schöner als vorher. 1803 wurde das Kloster säkularisiert. Für die 1713–15 im reichen Rokokostil erneuerte Klosterkirche *St. Michael* schuf *Ignaz Günther* seine berühmte *Immakulata,* ein Juwel des bayerischen Rokoko. Sie stand einst in der ersten nördlichen Seitenkapelle; heute ist sie im Pfarrhof zu besichtigen. In der fünften südlichen Seitenkapelle befindet sich das *Familiengrabdenkmal* der Stifter von *Wolfgang Leb* (1509).

Wir folgen dem Innufer aufwärts – auf dem gegenüberliegenden Ufer *Altenhohenau* (siehe S. 47) – und kommen nach

Rott am Inn (481 m; 3000 Einw.), 18 km. Das Dorf ist eine Klostersiedlung. Hier gründete Ende des 11. Jahrhunderts Pfalzgraf *Kuno von Rott* ein Benediktinerkloster, das bald reich und mächtig wurde. Es verfügte über Besitzungen im *Bayerischen Wald* (um *Kötzing*) und in *Tirol* (St. Ulrich am Pillersee). Wie *Attel* wurde auch *Rott* im Dreißigjährigen Krieg von den Schweden geplündert.

Zu Recht ist *Rott* durch die *Klosterkirche St. Marinus und Anianus* berühmt, neben der *Wieskirche* einer der reinsten und kostbarsten Rokokobauten *Bayerns.* Erbaut wurde die Kirche (1759–63) unter Abt *Benedikt Lutz* von *Johann Michael Fischer.* 1803 wurde dieses Kloster aufgehoben. Die Kirche dient heute als Pfarrkirche, das Klostergebäude war lange Zeit Brauerei.

Die Deckengemälde von *Matthäus Günther,* die Stukkaturen von *Jacob Rauch* und der Hochaltar mit den Figuren von *Ignaz Günther* sind ein lebendiger Hymnus auf die reichste Zeit der bayerischen Geschichte: die beiden kurfürstlichen Jahrhunderte.

🚤 Wasserburg–Rosenheim.

🚌 Wasserburg–Rosenheim.

🏨 ,,Post".

In *Rott* verlassen wir die B 15, um nach rechts in Richtung *Tuntenhausen–Ostermünchen* (alte, 1794 umgebaute Pfarrkirche) abzuzweigen. Über den Gemeindeort *Tuntenhausen* (505 m, 4000 Einw.; alte Marienwallfahrt; Kirche mit zwei Spitzhelmen, 1627–30) kommt man nach einem weiteren Ortsteil von Tuntenhausen nach

Beyharting, 32 km. Hier befindet sich ein im 12. Jahrhundert gegründetes ehemaliges *Augustinerchorherrenstift;* in der 1868–70 aus einer dreischiffigen romanischen Basilika zu einem einschiffigen barocken Saalbau umgestalteten *Stiftskirche* ist vor allem die Stuckierung von *J. B. Zimmermann* aus dem Jahr 1730 bemerkenswert.

Wir fahren das Flüßchen *Glonn* abwärts und kommen über *Maxlrain* (1582–85 neuerbautes Schloß der 1734 ausgestorbenen *Reichsgrafen von Maxlrain*) nach

Bad Aibling (491 m; 12500 Einw.), 39 km. Dieser Kurort im Voralpenland ist eine alte Ansiedlung. An der Römerstraße *Salzburg—Augsburg,* die hier an dem Moor von *Glonn* und *Mangfall* vorbeiführte, wird wohl mit Recht schon eine Römersiedlung zu vermuten sein, worauf der älteste Name des Ortes (*Epilinga*) hinweist. Vielleicht stand hier bereits ein agilolfingischer Hof; sicher nachgewiesen ist ein fränkischer Herzogshof.

Bedeutend für den Markt in Aibling war die wirtschaftliche Verbindung mit dem Kloster *Tegernsee.* Seit 1846 wird der Ort zu Kurzwecken besucht. Bekannt sind die Moorbäder.

Der Maler *Wilhelm Leibl* (1844—1900) lebte hier und in den benachbarten Dörfern Berbling und Kutterling seit 1878 bis zu seinem Tode.

Am *Marienplatz* steht die *Sebastianskirche* (erbaut 1765), rechts daneben (Haus Nr. 7) *Leibls* Wohnhaus. Auf dem *Hofberg* befindet sich an der Stelle des *Schlosses* heute das Amtsgericht, an der Stelle der ehemaligen *Schloßkapelle* die Pfarrkirche *St. Maria,* 1755—56, die nach Entwürfen von *Johann Michael Fischer* erbaut wurde. Diese auf eine gotische Anlage zurückgehende Kirche ist ein prächtiger Rokoko-Saalbau mit geschmackvollen Stukkaturen des Aiblinger Meisters *Thomas Schwarzenberger.* Der Figurenschmuck stammt aus der Schule *Ignaz Günthers.* An der Nordseite des Hofberges steht das Schloß *Prantseck* (1564 erbaut, heute *Kurheim Leo-Marienheim*).

An der *Glonn* liegt der Kurpark mit dem *Kurhaus* und dem *Heimatmuseum,* das u. a. Erinnerungen an *Leibl* birgt.

ⓘ Kurverwaltung, Wilhelm-Leibl-Platz 1.

🚄 München—Rosenheim.

🏨 ,,Kurhotel Ludwigsbad“, ,,Moorbad Maier“, ,,Kurhotel Schuhbräu“.

🏨 ,,Schmelerhof“, ,,Lindner“, ,,Bihler“, ,,Hübner“, ,,Ratskeller“.

🍴 ,,Duschlbräu“, ,,Neugarten“.

Ein landschaftlich und kunsthistorisch sich lohnender Abstecher führt zu dem 5 km westlich gelegenen *Weihenlinden* mit der schönen barocken Wallfahrtskirche *Heilige Dreifaltigkeit* (1653 bis 1657).

Von *Bad Aibling* aus erreichen wir über den kleinen Industrieort *Kolbermoor* die Stadt

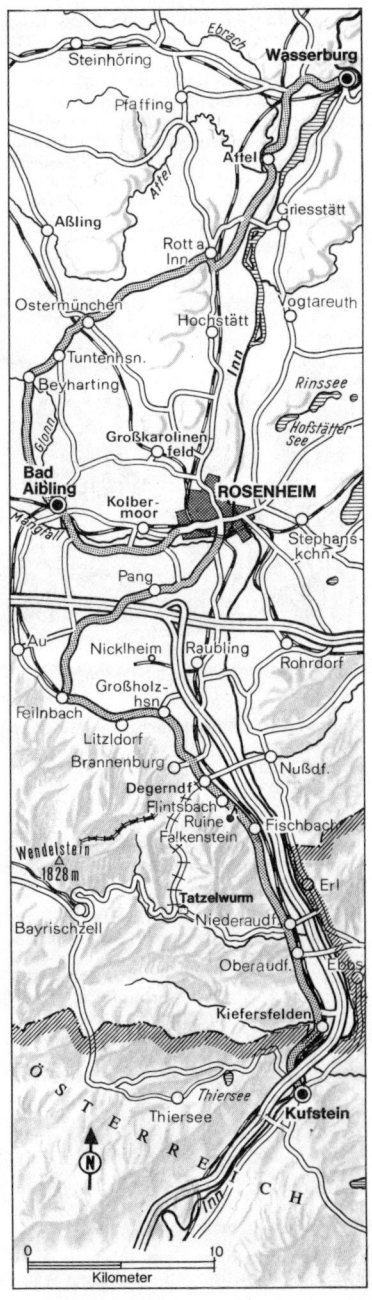

Rosenheim (451 m; 52 000 Einw.), 49 km. Diese verhältnismäßig junge Ansiedlung (erste Erwähnung 1234, Marktrecht seit 1328) hat im Laufe der Jahrhunderte durch Gewerbefleiß und verkehrsmäßig günstige Lage am Ausgang eines wichtigen Alpentales, am Schnittpunkt des Inn-Wasserweges und der alten Salzstraße von Osten und Westen, alle anderen Städte und Märkte der weiteren Umgebung überflügelt.

Rosenheim: Laubengänge

Heute ist Rosenheim nicht nur die größte, sondern auch unbestritten die bedeutendste Stadt Südostbayerns mit *Stadthalle* für Konzerte, Theater und Ausstellungen. Allerdings hat durch diesen fast stürmisch zu nennenden Aufschwung im 19. Jahrhundert und in den Jahren nach 1945 die Stadt einiges von ihren Reizen eingebüßt.

Die alten Bürgerhäuser der Inn-Salzach-Bauweise, die teilweise Opfer von mehreren Stadtbränden wurden, und die Pfarrkirche *St. Nikolaus* sind durch Stilimitationen des 19. Jahrhunderts ersetzt oder in diesem Sinn umgestaltet worden. Dennoch gibt es reizvolle Straßenbilder und einzelne Sehenswürdigkeiten, wie die *Heilig-Geist-Kirche,* 1449 als Privatkirche des reichen Bürgers *Hans Stier* erbaut, die barocke *Loretokapelle* (1635–36) und die mit Régencestuck ausgeschmückte *Roßackerkapelle* (1737).

Häuser innstädtischen Charakters mit malerischen Laubengängen und -höfen finden sich noch am *Max-Josephs-Platz.*

Im Gebäude über dem schönen alten *Mittertor,* dem einzigen erhaltenen Stadttor (1641 nach Stadtbrand erneuert), ist das *Heimatmuseum* untergebracht.

(Geöffnet täglich 9–12 und 14–17 Uhr außer montags und feiertags, samstags nur 9–12, sonntags 10–12 Uhr; Eintr.)

Die Städtische Galerie (*Max-Bram-Stiftung*) am *Max-Bram-Platz 2* ist eine der größten und schönsten deutschen Provinzgalerien.

(Geöffnet täglich 9–13 und 14.30–17 Uhr außer montags und feiertags, sonntags ab 10 Uhr; Eintr.).

München–Salzburg/Kufstein.

⌂⌂⌂ „Parkhotel Crombach", „Tyrol".

⌂⌂ „Goldener Hirsch", „Wendelstein", „Stockhammer", „Theresia", „Ariadne".

⌂ „Flötzingerbräu", „Zum Mohrenhimmel". – „Schwaiger Hof", Schwaig.

△. – ▭. – ≃.

Von *Rosenheim* könnte uns die Autobahn als schnellste und bequemste Verbindung in südlicher Richtung bis *Kufstein* führen. Wir folgen aber einer Route auf älteren, durchwegs landschaftlich reizvollen und weniger befahrenen Straßen und verlassen die Stadt auf der *Bundesstraße 15,* zweigen aber kurz nach der *Mangfallbrücke* nach rechts ab und kommen über *Pang* und *Westerndorf* zur *Kreuzstraße,* nachdem wir die Autobahn *München–Salzburg* überquert haben. Von der *Kreuzstraße* aus gibt es die Möglichkeit eines Abstechers nach

Au (500 m; 2000 Einw.), das eine von *Wolfgang Dienzenhofer* entworfene Pfarrkirche (1723) hat und – am Ostende des Ortes – ein Wallfahrtskirchlein, die sogenannte *Taxakapelle.* Die Vertreter der Baumeisterfamilie *Dienzenhofer,* die hauptsächlich in *Franken* kostbare Rokokobauten errichtet haben, stammen aus Bad Aibling. 1967 wurde die Kirche renoviert.

⌂ „Forellen-Stuben", „Pension Hubertushof", „Zur Post", „Marzelli". △. – ≃.

Nach Rückkehr zur *Kreuzstraße* oder direkt führt uns die Route weiter über das Moorbad *Feilnbach-Wiechs* nach *Litzldorf* und *Großholzhausen* (spätgotische, barock veränderte und im 18. Jh. mit Stuck versehene Pfarrkirche *St. Georg*). Dann folgt

Brannenburg-Degerndorf (509 m; 5000 Einw.), 64 km, das ein beliebter Luftkur- und Wintersportort ist. Brannenburg hat die spätgotische, im Rokoko umgebaute

Kirche *St. Mariä Himmelfahrt* und Degerndorf die romanische, barockisierte Kirche *St. Ägidius*.

🚂 Rosenheim–Kufstein.

🚞 Wendelstein-Zahnradbahn.

🏨 „Hubertushof".

🏠 „Zur Post", „Kürmeier", „Zum Schloßwirt", „St. Margarethen", „Zur Hecke", „Sonnenhof", „Kraxenberger".

🚤 Autobahnsee.

Ausflüge:

1. Wendelstein (1838 m). Eine 1910 bis 1912 erbaute 7,7 km lange Zahnradbahn führt von der Talstation in 55 Minuten zu den Wendelsteinhäusern. Auf bequemem Fußweg (20 Min.) erreicht man den Gipfel.

An klaren Tagen kann man von hier aus das ganze bayerische·Oberland und die Stadt München sehen. Auf dem Wendelstein stehen ein Fernsehsender, ein Sonnenobservatorium und eine Bergkapelle von 1718.

2. Tatzelwurm/Sudelfeld. Von Brannenburg-Degerndorf aus führt eine gebührenpflichtige Forststraße zum Tatzelwurm; Weiterfahrt über das Sudelfeld nach *Bayrischzell* (siehe S. 63).

3. Schwarzlack-Kapelle. Lohnend ist ein etwa 30 Minuten langer Fußweg zur Schwarzlack-Kapelle. Der reizende Rokokobau (1767 geweiht) steht auf aussichtsreicher Höhe über dem Inntal.

Von *Brannenburg* aus kommen wir zu dem kleinen Ort

Flintsbach (480 m; 2300 Einw.; 🏠), 66 km, mit der spätgotischen und barockisierten Kirche *St. Martin*. Der Ort ist günstiger Ausgangspunkt für kleine Spaziergänge (24 km Wanderwege) und größere Bergwanderungen.

Ausflüge:

1. St. Peter auf dem *Kleinen Madron*. Ein Fußweg (etwa 1 Std.) führt an der Burgruine *Falkenstein* vorbei zur Kirche *St. Peter* (1135 gegründet), die auf dem Gipfel des 847 m hohen Berges steht. Die Kirche besitzt eine von *Hans Krumper* entworfene Kassettendecke (1608) und eine an der Südseite außen angebrachte Kanzel.

2. St.-Maria-Magdalena auf der Biber. Zu Fuß ebenfalls in etwa 1 Std. zu erreichen ist das Kirchlein auf dem 50 Meter hohen geologisch interessanten Nagelfluhhügel.

Um 1630 wurde es neben der noch heute erhaltenen Höhlenklause eines im Dreißigjährigen Krieg hierher geflüchteten Eremiten erbaut.

*

Von *Flintsbach* aus kommen wir über *Fischbach* (jenseits des Inn ist schon tirolisches Gebiet) nach *Niederaudorf* (gotische, barockisierte Kirche *St. Michael* mit einem Rokokohochaltar). Wir zweigen in östlicher Richtung ab nach

Reisach (480 m; 600 Einw.), 71 km. Hier steht das 1732 gegründete Karmeliterkloster, dessen Kirche *St. Therese und Johannes vom Kreuz* 1737–47 von *J. A. Gunetzrhainer* entworfen und von *Ph. Millauer* erbaut wurde. Charakteristisch ist der Turm mit den zwei Zwiebelhauben. Die Innenausstattung von strenger, fast frühklassizistischer Gliederung. Die Decke ist nicht mehr durch Stuck dekoriert, sondern nur noch auf Raumwirkung abgestellt.

Das Schloß *Urfahrn*, dessen Kapelle ebenfalls von *Millauer* stammt, ist öffentlich zugänglich.

Reisach: Klosterkirche

Gegenüber *Niederaudorf*, auf der österreichischen Seite, liegt das Dorf *Erl* (476 m; 1200 Einw.), wo seit 1613 in Abständen von sechs Jahren Passionsspiele stattfinden. Das neue Passionsspielhaus, ein markantes Gebäude am Fuß der Berge, ist weithin sichtbar. Niederaudorf und Erl verbindet eine über die Autobahn führende Brücke (nur für Fußgänger und Radfahrer) mit eigener Grenzstation.

Niederaudorf

Kurz nach *Niederaudorf* (Gasthöfe), das in die Gemeinde Oberaudorf eingemeindet wurde, erreichen wir

Oberaudorf (482 m; 5000 Einw.), 74 km. Dieses Dorf ist ein vielbesuchter Luftkurort und Wintersportplatz mit gutem Skigelände (*Hocheck, Sudelfeld, Brünnstein*).

Auf dem *Schloßberg* steht die Ruine des Schlosses *Auerburg*, das früher den *Grafen von Falkenstein* gehörte und 1745 geschleift wurde. Die Pfarrkirche *Mariä Himmelfahrt* wurde um 1750 erbaut und besitzt einen Rokokohochaltar. Die ebenfalls um 1750 mit Stukkaturen ausgeschmückte Friedhofskapelle *St. Anna* wurde 1500 erbaut.

Von *Oberaudorf* führt ein neu ausgebautes Alpenstraßenstück zum *Tatzelwurm* (siehe S. 45 und 63).

🚃 Rosenheim–Kufstein.

🚠 Hochecklift (500–800 m).

🏨 ,,Bayerischer Hof", ,,Alpenhotel", ,,Hocheck", ,,Kaiserblick", ,,Alpenrose".

⚠ ,,Schauerhaus". – ⚠. – 🖼. – ⌐.

Ausflug:

Das *Hocheck* (823 m) können wir mit einem Sessellift von der Talstation westlich Oberaudorf erreichen. Am aussichtsreichen Gipfel steht ein Berggasthof.

Wenige Kilometer weiter erreichen wir mit

Kiefersfelden (485 m; 5600 Einw.), 78 km, den letzten Ort auf bayerischem Bo-

den. Der beliebte Ferienort hat eine schöne alte Kirche, die in der Zeit der späteren Gotik erbaut und in Barock- und Rokokozeit verändert wurde. Besonders schöne Ausstattungsstücke sind der Hochaltar (1763) und eine Kanzel (1770).

Berühmt ist Kiefersfelden vor allem wegen seiner seit 1618 bestehenden *Ritterspiele*. Aus einer alten Tradition heraus werden jeden Sommer ethnologisch und literarisch hochinteressante Ritterstücke aufgeführt. Der Verfasser dieser Stücke, die in ihrem Aufbau und in ihrer Thematik dem Barocktheater angehören, ist *J. Schmalz* (18. Jh.), der eigentlich von Beruf Köhler war. Die Darsteller sind Bewohner von Kiefersfelden.

Dieses älteste deutsche Dorftheater zieht Theaterfreunde und Kulturhistoriker aus aller Welt an. Ursprünglich wurden Heiligenlegenden auf dem Balkon des ,,Veitenbauern" gespielt. Dann zog man in Tennen um. Seit 1747 nahm man auch historische Schauspiele ins Repertoire auf. 1801 baute man die erste ,,Komedihüttn", 1833 eine neue. Sie wich 1971 wegen Brand- und Einsturzgefahr des Holzbaus einem traditionswahrenden Neubau aus Stein.

🚃 Rosenheim–Kufstein.

🏨 ,,Post", ,,Gruberhof", ,,Ledererhof".

🏨 ,,Schaupenwirt", ,,Baumaywirt", ,,Petershof", ,,Kurzenwirt", ,,Baumerhäusl", ,,Grafenburg". – 🖼. – ⌐.

Kurz hinter dem Ortsende verläuft die Grenze mit dem deutschen und österreichischen Zollgebäude. Die Route endet in

Kufstein, 85 km, siehe Polyglott-Reiseführer ,,Tirol".

Alter Innschiffzug

Route 5: München – Wasserburg – Burghausen (119 km)

Routeplan siehe Seite 52/53

Diese Route führt uns mitten durch das verhältnismäßig flache Land, das sich östlich von *München* bis zur *Salzach* hinstreckt. Es ist ein vom Fremdenverkehr weniger erschlossenes Gebiet, voll von geschichtlichen und kunstgeschichtlichen Denkmälern und von stillem, oft verborgenem Reiz.

Wir verlassen München über die *Berg-am-Laim-Straße* und kommen auf die *Bundesstraße 304*. Der erste Ort ist

Haar (541 m; 19 500 Einw.; S-Bahn), 11 km, mit der Kirche *St. Nikolaus* (13. Jahrhundert). Vom ursprünglichen Bau ist noch die Apsis erhalten.

⌂ ,,Wiesbacher", ,,Motel Heberger", ,,Goldene Gans".

Die Straße führt weiter in südöstlicher Richtung durch den Wald bis *Zorneding,* einem kleinen Ort, der wegen des reinen Rokokobaus der rosaroten Pfarrkirche *St. Martin* (1719–21) erwähnenswert ist.

Die Straße geht nun südlich am ausgedehnten, 78 qkm großen, wildreichen *Ebersberger Forst* entlang, durch die Dörfer *Eglharting* und *Kirchseeon,* in dessen nicht mehr bestehendem Kloster der Barockdichter und Jesuit *Jakob Balde* (1604–68) lebte. Die Gegend wird etwas hügeliger, und wir kommen nach

Ebersberg (520 m; 8800 Einw.), 31 km. Die Stadt erlangte früh Bedeutung durch ihr Kloster und die damit zusammenhängende Wallfahrt zu der (931 hierher verbrachten) *St.-Sebastians-Reliquie.* Der erste Kirchenbau von 970 ist bezeugt.

Die heutige Klosterkirche *St. Sebastian* ist eine der vielen für Südbayern typischen Rokokokirchen. Der vorhandene mittelalterliche Bau wurde von *Johann Georg Ettenhofer* (1733–34; nach Plänen von *Viscardi*) gleichsam aufgebrochen, um die neuen, Licht und Schatten einbeziehenden Grundsätze der Rokokoarchitektur verwirklichen zu können.

Noch aus der ursprünglichen, mittelalterlichen Kirche stammt das Grabmal des *Grafen Ulrich* und der *Gräfin Richardis von Sempt-Ebersberg* von *Wolfgang Leb* (1501). Das Relief aus rotem Salzburger Marmor stellt die genannten Stifter dar, die der von Engeln flankierten Madonna das Modell der Kirche darbringen. Es handelt sich nicht um Porträts, denn das Bildwerk entstand 500 Jahre nach dem

Tod der Dargestellten. Heute liegt die ehemals aufgestellte Grabplatte in der *Herz-Jesu-Kapelle.*

Neben der Kirche, über der Sakristei (auf Verlangen erhält man dort den Schlüssel), liegt die *Sebastianskapelle,* ein Bau im barocken Jesuitenstil mit reicher Stuckdekoration (1668–69); der Baumeister war *Heinrich Mayer.* Es ist eine intime Saalkirche, ein reines Juwel und Muster seines Stils.

Im Kloster wirkte im Mittelalter *Abt Williram* (gest. 1085), der mit seiner Ausle-

Ebersberg: Grabdenkmal

gung des ,,Hohen Liedes" ein wichtiges Denkmal der mittelhochdeutschen Literatur schuf.

Nördlich der Stadt steht auf der *Ludwigshöhe* (619 m; 25 Min. Fußweg) ein Aussichtsturm, der einen weiten Ausblick über den Ebersberger Forst bietet.

🚃 München – Wasserburg; Endstation S 4.

⌂ ,,Klostersee", ,,Ebersberger Hof".

⌂ ,,Huber". – △. – ▢. – ⌐.

Wir verlassen *Ebersberg* auf der *Bundesstraße 304,* kommen durch die Dörfer *Oberndorf, Steinhöring* und *Forsting* und erreichen

Wasserburg, 43 km, siehe Seite 22.

Etwa 9 km südlich am Innufer liegt *Altenhohenau,* ein 1235 gegründetes Dominikanerinnenkloster. Die von außen bescheiden wirkende Kirche *St. Peter und Paul* besitzt Fresken von *Matthäus Günther*. Der Hochaltar und die beiden Seitenaltäre sind Werke von *Ignaz Günther* (1761). An der Nordseite des Langhauses hängt ein sehr ausdrucksvoller *Kruzifixus*

Altenhohenau: Kruzifixus

am Astkreuz. Altenhohenau war ein vielbesuchter Wallfahrtsort, dessen Gnadenbild ein nur 9 cm großes Christkind mit beweglichen Armen war (jetzt in einem Glasschrein im rechten Seitenaltar).

Von den Innauen des in der Talsohle gelegenen Klosters hat man einen beeindruckenden Blick innabwärts auf das stolz am anderen Hochufer gelegene ehemalige *Kloster Attel*.

Folgen wir – abweichend von unserer Route – von *Altenhohenau* dem Inn weiter aufwärts, so kommen wir durch eine Gegend von stillem Reiz und über ruhige Straßen zum Ausgangspunkt der Route 4, *Rosenheim* (siehe S. 44). Wir berühren dabei die Orte *Griesstätt* (in dessen Kirche an der Südwand ein Kruzifixus aus der Schule *Ignaz Günthers* hängt) und *Vogtareuth* (Kirche *St. Emmeram*, mit originellem Akanthusstuck und illusionistischen Seitenaltären).

Von *Wasserburg* aus führt die Route weiter auf der *Bundesstraße 304*, wobei man die Stadt über die Innbrücke verläßt. Danach erreicht die Straße durch eine großzügige Kehre das hohe Ostufer des Inn. Nach wenigen Kilometern wendet sie sich südostwärts in den *Chiemgau*. Nach dem Dorf *Kirchensur* erreicht man *Frabertsham*. Von hier aus machen wir einen Abstecher in südlicher Richtung nach

Amerang (537 m; 2500 Einw.; 7 km). Etwas außerhalb liegt südwestlich des Ortes im Wald das 1072 erstmals erwähnte *Schloß Amerang*, besonders bekannt durch seinen um 1560 von den Veroneser Scaligern erbauten Arkadenhof mit einmaliger Akustik; hier finden unter dem Namen „Musiksommer zwischen Inn und Salzach" eindrucksvolle Konzerte und Aufführungen statt.

Auf dieser Burg starb mit *Johann Dietrich von der Leytter* 1598 das ehemals mächtige, mit den *Hohenstaufen* verwandte Geschlecht der *Scaliger* aus, das 1260–1587 in *Verona* herrschte. Das Grabmal des letzten Scaligers steht an der Nordwand der barocken Pfarrkirche *St. Rupert* in der Ortschaft, die zum Besitz der veronesischen Scaliger gehörte.

Beliebte Anziehungspunkte: die Schloßkonzerte und das *Bauernhausmuseum*.

⌂ „Pension Steinbauer", „Zur Post", „Palm".

⌂ Pensionen „Wiefarn" und „Bachmann". – ⌣.

Die *Bundesstraße 304* führt uns weiter nach

Obing (564 m; 3300 Einw.), 61 km. Die stattliche Pfarrkirche *St. Laurentius* (Anfang 16. Jh.) enthält, in einen neugotischen Hochaltar einbezogen, drei ausgezeichnete Figuren des „Meisters von Rabenden".

Obing befindet sich mitten in der Endmoräne des Chiemseegletschers. In der Umgebung finden sich als Reste davon viele Toteislöcher und Hochmoore.

⌂ „Ober", „Zur Post", „Pension Seeblick". – Pensionen auch in Großbergham, Hochbruck, Honau und Pfaffing.

⌣ Obinger See.

Die hier umliegenden Ortschaften gehören kulturgeschichtlich zum Einflußbereich von

Seeon (539 m, 1720 Einw.), 66 km, wohin von *Obing* aus eine 5 km lange Nebenstraße (kurz vor dem Ortsende Obing rechts, bezeichnet „Seebruck") führt. Man erreicht Kloster Seeon von Norden her und erkennt es an den beiden mächtigen achteckigen Zwiebeltürmen.

Das Kloster wurde 994 von dem bayerischen Uradelsgeschlecht der *Aribonen* gegründet. Später kam es in den weltlichen Besitz des Erzstiftes Salzburg. Der Verbindung zu dieser Stadt verdankt Seeon eine reiche musikalische Tradition. *W. A. Mozart* war mehrere Male in

Seeon. 1803 wurde das Kloster säkularisiert. 1852–1933 bewohnte die fürstliche Familie *Leuchtenberg* das Klostergebäude als Schloß.

Von besonderer Bedeutung ist die Klosterkirche, die heutige Pfarrkirche *St. Lambert.* Der ursprüngliche Bau stammt aus dem 11. und 12. Jahrhundert. 1428–30 erfolgte eine grundlegende Umgestaltung und Erweiterung im spätgotischen Stil. Die Turmkuppeln wurden nach einem Brand des Klosters 1561 hinzugefügt. Im 17. Jahrhundert wurde das Innere der Kirche mit Stuck dekoriert. Die Gewölbemalereien (etwa 1620) wurden erst 1911 wieder entdeckt und freigelegt. Der neugotische Hochaltar birgt eine Kopie der *Seeoner Madonna,* eines Meisterwerkes der gotischen Bildhauerkunst. Das Original (um 1430) befindet sich im *Nationalmuseum* in *München.*

Den Vorraum zur Kirche bildet heute die ehemalige *St.-Barbara-Kapelle* mit Grabplatten von Äbten aus verschiedenen Jahrhunderten.

Vom Altarraum aus ist die 1392–1400 erbaute *Marien-* oder *Laimingerkapelle* zugänglich.

Kloster Seeon

An die Kirche angebaut liegen, um drei Höfe gegliedert, die ehemaligen Klostergebäude, soweit sie erhalten sind. Heute beherbergen sie eine Polizeischule und sind (bis auf die stilvolle Klostergastwirtschaft) nicht öffentlich zugänglich.

Jenseits der Straße liegt die ehemalige Nonnenkirche *St. Walburgis* (sog. Alte Pfarrkirche), die 1349 erstmals erwähnt wird. Auf dem sie umgebenden Friedhof liegen die Gräber der Prinzen und Prin-

Rabenden: Altar

zessinnen *von Leuchtenberg,* mit russisch-orthodoxen Kreuzen geschmückt.

Über einen Holzsteg hinter dem Kloster erreicht man auf einem Fußweg, an einer stimmungsvollen Kapelle vorbei, das Dorf *Seeon* mit schöner Pfarrkirche und stolzen Bauernhöfen.

🚂 Traunstein, Seebruck, Endorf.

🏨 ,,Parkhotel Sandau''.

🍴 ,,Schanzenberg'', ,,Neureiter'', ,,Insel-Schloß-Hotel''. – ,,Gruber-Alm'', Roitham.

🛶 im Ortsteil Niederseeon.

Über den Ortsteil Niederseeon führt eine Straße nach dem zu Altenmarkt gehörenden

Rabenden (540 m; 650 Einw.), 72 km. Dieser sonst unbedeutende Ort, dessen Name übrigens auf der zweiten Silbe betont wird, ist berühmt durch den Hochaltar, der in der Kirche *St. Jakob* (geweiht 1458) steht, ein prachtvolles Meisterwerk spätgotischer Plastik, der dem namentlich nicht bekannten Bildhauer die Bezeichnung ,,Meister von Rabenden'' gegeben hat (um 1510).

4,5 km nach *Rabenden,* an einer kurzen Abzweigung (1 km; bezeichnet ,,Kienberg''), liegt *St. Wolfgang* mit einer nach außen stilrein erhaltenen Kirche gleichen Namens (1400 geweiht). Die Straße führt zur Traun hinunter, die wir bei

Altenmarkt (502 m; 3200 Einw.; 🏨), 77 km, erreichen. Bevor wir zu dem freundlichen Ort mit der barocken Kirche *St. Ägidius* kommen, sehen wir, von der Höhe ins schattige Tal hinunterfahrend, auf einem Hügel die Türme von Kloster Baumburg aufragen.

Kloster Baumburg, dessen Kirche heute Pfarrkirche von Altenmarkt ist, erreicht man südlich der Ortsausfahrt über eine bequeme, aber steile Fahrstraße. Die Kirche *St. Margaretha* steht mit der Front direkt am Abfall des Steilufers zur *Traun*. Ein herrlicher Blick über den *Traungau* und die Alpenkette bietet sich.

Baumburg: Klosterkirche

Das Chorherrenstift geht auf eine Klostersiedlung zurück, die 925 hier nachweisbar ist. 1105 wurde das Stift von *Berchtesgaden* aus errichtet. *Baumburg* galt als ausgezeichnete Klosterschule. Durch die Reformation verfiel das Klosterleben; erst im 18. Jahrhundert festigte es sich wieder. 1803 wurde das Stift aufgehoben. Von den Stiftsgebäuden blieb wenig erhalten.

Die Kirche *St. Margaretha* ist, obwohl Reste einer Basilika verwendet sein sollen, ein reiner Rokokobau, der 1754 bis 1757 von dem Trostberger Maurermeister *Franz Alois Mayr* errichtet wurde. Sie gilt als eine der bedeutendsten Rokokokirchen des *Chiemgaus*. Auffällig an ihr sind außen die merkwürdigen, an den Turmkanten tief herabgezogenen, mit dem streng quadratischen Grundriß der Türme reizvoll kontrastierenden Kuppeln. Das Deckengemälde im Innern ist von *Felix Anton Scheffler* (1756/57), und der von vier mächtigen Figuren umgebene *Hochaltar* trägt ein Gemälde von *J. Hastmann* (1757).

Baumburg ist auch eine jener Perlen im Kranz bayerischer Rokokoarchitektur, die sich durchs ganze Land ziehen. An der nördlichen Ecke der Stiftsbauten befindet sich ein kleiner Renaissancebau, das *Sommerschlößchen*, das um 1550 für Abt *Stephan Tobelhaimer* errichtet wurde.

Bevor wir unsere Route fortsetzen, fahren wir auf der *Bundesstraße 304* noch 2 km traunaufwärts nach

Stein an der Traun (542 m; 1200 Einw.), das durch sein Schloß berühmt ist. Die merkwürdige Anlage, bereits um 1200 als Sitz der *Herren von Stein* nachweisbar, besteht aus drei Teilen: Die am Fuß des Steilufers gelegene weitläufige Anlage (heute ein Landerziehungsheim) wurde 1875 erbaut; darüber liegt die Ruine des mittelalterlichen Hochschlosses; der höchst gelegene und zugleich eigenartigste Teil ist das in den Felsen gehaune Höhlenschloß (*nur mit Führung zugänglich*).

Wohl um die Jahrtausendwende wurde in den Nagelfluh des senkrecht abfallenden Traun-Steilufers eine Reihe von rohen Räumen gehauen und durch einen Wehrgang miteinander verbunden. So entstand 20 bis 30 m hoch über dem reißenden Fluß, der damals noch vorbeifloß, eine uneinnehmbare Felsenburg. Wegen ihrer Dunkelheit und Feuchtigkeit wird sie wohl nur in Kriegs- und Fehdezeiten bezogen worden sein.

Alles ist eine zwar uneinheitliche, aber malerische, an den oben bewaldeten Felsen hingelagerte Anlage, die man durch ein schönes Tor erreicht. Im Dorf selbst, an der Hauptstraße, liegt der prächtige ländliche Renaissancebau des Gasthofs „Post".

Will man statt der eigentlichen Route eine Variante wählen, so kann man weiter südwärts durch das zunächst enger werdende Tal der *Traun* fahren. Kurz nach *Stein* zweigt links die Straße nach *Waging* und *Freilassing* ab (siehe S. 31/32). danach, bei *St. Georgen* (spätgotische Pfarrkirche mit mittelalterlichem Wandgemälde), überquert man die *Traun*, die Straße führt am Westufer weiter über *Matzing* und *Partenstein* (Schloß aus dem 13. Jh.) bis nach *Traunstein*, 19 km.

*

Wir kehren zurück nach *Altenmarkt*, verlassen es in nördlicher Richtung auf der *Bundesstraße 299* und erreichen zunächst

Trostberg (481 m; 9900 Einw.), 80 km. Der Marktflecken (Marktrecht seit 1457) gehörte im 12. Jahrhundert zum Kloster *Baumburg*, seit 1392 als wichtige Brückenübergang über die *Alz* zum Herzogtum *Niederbayern*. Die Lage am Steilufer der *Alz,* gibt dem Ort sein bezeichnendes Gepräge: Da eine Ausdehnung in die Breite nicht möglich war, entwickelte sich die Siedlung in einem einzigen langen Straßenzug, der in seinem älteren nördlichen Teil *Innerer Markt*, in seinem südlichen *Vormarkt* heißt und von Häusern in innstädtischer Bauweise gesäumt ist.

Trostberg

1908 wurden die Kalkstickstoffwerke gegründet, was dem Ort zu einem schnellen wirtschaftlichen Aufschwung verhalf. Erst 1913 wurde Trostberg Stadt. Gute Ausflugsmöglichkeiten in den nahen Chiemgau. Vom Schloßberg herrlicher Alpenblick.

Die Pfarrkirche *St. Andreas* ist ein schöner und großer, verhältnismäßig rein erhaltener gotischer Bau (geweiht 1420).

ⓘ Stadtverwaltung, Hauptstraße.

🚆 Mühldorf – Traunstein. – 🚌.

🛏 „Pfaubräu“, „Zur Post“, „Purkering“, „Deisenham“, „Steiner-Keller“. – 🛶.

Wir verlassen in *Trostberg* die *Bundesstraße 299*, überqueren die *Alz* und biegen gleich hinter der Brücke nach links in Richtung *Burghausen/Tittmoning* ab. Auf dieser Straße erreichen wir hinter *Deinting* (Kirche *St. Sixtus und Sebastian;* 1483, Turm 1506) eine Straßenkreuzung bei *Heiligkreuz* (rechts; gotische Kirche), die nach links einen ersten Abstecher ermöglicht.

*

Dieser Abstecher führt zu dem alten Wallfahrtsort

Feichten a. d. Alz (518 m; 900 Einw.) mit der Pfarrkirche *Mariä Himmelfahrt*, einem spätgotischen Bau von *Georg Steinbrecher* (1502–13), der 1763 von *Franz Alois Mayr* im Geschmack des Rokoko umgestaltet wurde. Die Deckenfresken stammen von dem Trostberger Meister *Franz Josef Soll* (1763 bis 1764). Die

Altäre wurden in der Mitte des 18. Jahrhunderts geschaffen; das steinerne Gnadenbild entstand um 1420. Man verläßt das Dorf auf der Straße, die nach Osten führt, und erreicht die Route bei *Kirchweidach* wieder.

Ein anderer Abstecher (6 km von *Trostberg,* hinter der Abzweigung nach *Feichten* rechts ab) führt nach

Oberbuch (487 m; 100 Einw.). Der Ort besitzt die schöne, auf einem nahezu quadratischen Grundriß erbaute Kirche *St. Petrus und Paulus* (1440). Im Innern stehen drei barocke Altäre, die unter Verwendung spätgotischer Figuren entstanden sind.

*

Nach dieser Abzweigung erreichen wir unsere Route wieder über *Tyrlaching* (Dorfkirche *St. Johann Baptist*), wo man links abbiegt nach

Kirchweidach (505 m; 1350 Einw.), 91 km. Die Pfarrkirche *St. Vitus* ist ein stilreiner Bau des späten Rokoko (1772–74), reizvoll in der ebenmäßigen, schmuckvollen Wechselwirkung der dunklen Dächer und Absätze und des hellen Körpers, der in seiner Anlage (zentraler Kuppelbau) bereits Merkmale des Klassizismus an sich hat. Die sehr reiche malerische Innenausstattung (Hochaltar, Kuppelfresko, Seitenaltäre) stammt von Meister *Franz Josef Soll* aus Trostberg (Ende des 18. Jh.).

Feichten

Hinter *Kirchweidach* mündet die Straße nach 9 km in die *Bundesstraße 20,* die an der Salzach entlangführt. In nördlicher Richtung erreichen wir

Burghausen, 119 km, siehe Seite 25.

51

Route 6: München – Mühldorf – Altötting (90 km)

Haag: Schloßturm

Diese Route führt uns durch das östliche Vorland Münchens und zu den unteren oberbayerischen Innstädten.

Wir verlassen München auf der B 12, die als Autobahn am *Flughafen Riem* und an *Feldkirchen* (mit spätgotischer Kirche St. Jakob) vorbeiführt. Durch mehr bewaldetes und etwas hügeligeres Gelände kommt man dann über *Parsdorf* und *Neufahrn* nach

Anzing (516 m; 3000 Einw.), 17 km, das, wenig abseits der Hauptstraße, die stilreine frühbarocke Pfarr- und Wallfahrtskirche *St. Maria* besitzt. An der Straße, die von der *Bundesstraße 12* zur Kirche führt, steht links die ehemalige Schloßkapelle (1669), die der Grabeskirche in Jerusalem nachgebildet ist. Schräg gegenüber befindet sich das historische Gebäude des Gasthofes ,,Zur Post".

Anzing ist Ausgangsort für Spazierwege in den *Ebersberger Forst.*

Danach führt die Route weiter nach

Hohenlinden (538 m; 2500 Einw.), 29 km, einem kleinen Pfarrdorf. Die spätgotische Kirche *Mariä Heimsuchung* ist sehenswert. Hier fand am 3. Dezember 1800 zwischen dem französischen Revolutionsheer unter *Moreau* und einer bayerisch-österreichischen Armee unter *Erzherzog Johann* eine Schlacht statt, die mit einer vernichtenden Niederlage der deutschen Truppen endete.

Von *Hohenlinden* aus führt eine 9 km lange Abzweigung über *Burgrain* nach

Isen (519 m; 3850 Einw.), wo eines der ältesten Klöster Bayerns (vor 750 gegrün-

det) stand. Von der ehemaligen romanischen Stiftskirche *St. Zeno* (heute Pfarrkirche; s. Abb. S. 57) ist neben dem Grundriß und Resten der romanischen Apsiden das Portal erhalten. Die Kirche wurde nach einer Feuersbrunst 1490 renoviert und 1750 zur Tausendjahrfeier im Stil der Zeit ausgestattet.

🚌 Wasserburg, Haag, Markt Schwaben.

Von *Hohenlinden* aus folgen wir weiter der *Bundesstraße 12* bis

Haag (560 m; 5000 Einw.), 44 km, einem hübschen Ort, überragt von einem mächtigen quaderförmigen *Turm* (um 1200), der der Rest einer großen mittelalterlichen Schloßanlage ist. Am Schloßberg befindet sich ein ,,Gletschergarten" mit Findlingsblöcken aus der Eiszeit.

🚌 München, Wasserburg, Markt Schwaben.

🏠 ,,Schex"; ,,Zeller". – 🖼.

Etwa 6 km hinter *Haag* verlassen wir die *Bundesstraße 12*, um *Gars* und *Au* zu be-

Gars: Pietà

suchen. Die Abzweigung nach rechts ist gut bezeichnet (Hauptrichtung „*Schnaitsee*") und führt zunächst von der Ebene etwas hinunter zum Hochufer des *Inn*. Hier liegt das ehemalige Augustiner-Chorherrenstift

Gars (455 m; 3900 Einw.), 52 km, das auf vorkarolingische Zeit zurückgeht. Anfang des 12. Jahrhunderts wurde hier ein Augustiner-Chorherrenstift gegründet, das bis 1803 bestand. Die Stiftskirche *St. Maria* wurde 1661 von *Gasparo* und *Domenico Zuccalli* im Sinn des Hochbarock erbaut. Ein gewaltiger, die ganze Stirnfront der Kirche einnehmender Hochaltar mit vier großen blauen Säulen wurde eingefügt. Ein eindrucksvolles Kunstwerk ist die Pietà (um 1425) in einer Seitenkapelle.

Im Klostergebäude (1657−65 von den *Zuccalli*), das seit 1858 den *Redemptoristen* gehört, wird heute ein Gymnasium unterhalten.

🚆 Wasserburg – Mühldorf.

🚌 München−Au.

⌂ „Stecher".

Von *Gars* aus führt uns die Straße (mit schönen Ausblicken auf eine Innschleife) zur Talsohle des Flusses hinunter. Dort erreichen wir

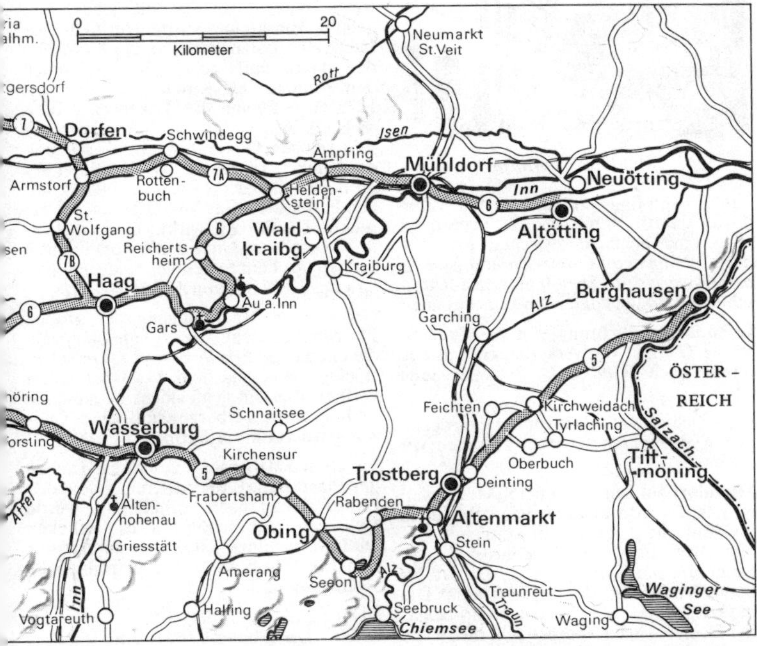

Au am Inn (405 m), ein ehemaliges *Augustiner-Chorherrenstift*, das aus einer früheren Benediktinerzelle hervorgegangen ist. Die weitere Geschichte ist mit dem Geschlecht der *Grafen von Megling* verbunden, die auf der Burg saßen, deren Reste (heute als „Stampflschloß" bezeichnet) auf der Anhöhe über dem Kloster aufragen.

Die ehemalige Stiftskirche *St. Maria* wurde nach einem Brand des älteren Gebäudes 1708–17 nach Entwürfen von *Domenico Zuccalli* erbaut. In der zweiten linken Seitenkapelle steht das Grabmal einer *Gräfin Törring* aus grauem Stein, vergoldet und mit geschnitzten Figuren von *Johann Baptist Straub.* Der gegenüber *Gars* etwas kleinere, aber heitere und anmutigere Bau dient heute als Pfarrkirche.

Wir folgen nun kurz dem Lauf des Inn, fahren nordwärts über die bewaldeten Höhen und kehren dann über *Reichertsheim* zur *Bundesstraße 12* zurück, die uns nach *Ampfing* führt.

Mühldorf: Torturm

Hinter Ampfing, im sogenannten Mühldorfer Hardt, fand am 22. September 1322 eine Schlacht zwischen *Friedrich dem Schönen von Österreich* und *Ludwig dem Bayern* statt. Sie gilt als letzte Ritterschlacht und fiel zugunsten Ludwigs aus.

In südlicher Richtung von der *Bundesstraße 12* führt von Ampfing eine Straße direkt nach *Waldkraiburg* (siehe Seite 55).

Unterhalb des auf dem Innhochufer gelegenen *Altmühldorf* vorbei kommen wir nach

Mühldorf am Inn (383 m; 15 000 Einw.), 80 km. Es wird erstmals 935 urkundlich erwähnt und gehörte zum weltlichen Gebiet des Erzstiftes Salzburg. Seinen Reichtum im Mittelalter verdankte es dem Handel und der Innschiffahrt. Die bayerischen Herzöge versuchten – sogar mit Belagerungen – vergeblich, die reiche

Stadt an sich zu bringen. Erst 1802 kam sie an *Bayern.* Heute ist Mühldorf Hauptort des gleichnamigen Landkreises.

Mittelpunkt des Ortes ist der *Stadtplatz,* ein großzügiger, lang hingezogener, aber auch breiter Markt, gesäumt von zwei bunten Häuserzeilen in dem typischen Innbaustil mit Grabendächern und Arkaden. An jedem Ende des Platzes steht einer der alten Stadttürme. Auf dem Stadtplatz findet man vier Brunnen aus der Zeit des Barock.

Das *Rathaus,* in der Nordseite des Stadtplatzes zwischen *Huterergasse* und *Bräugasse,* ist ein breiter und mächtiger spätgotischer Bau, der ursprünglich drei Häuser umfaßte, die nach dem Stadtbrand 1640 durch eine gemeinsame Fassade verbunden wurden. Neun Fensterachsen und zwei Stockwerke bauen sich über den spitzbogigen Arkaden im Erdgeschoß auf. Die *Frauenkirche,* in der Südfront der unteren Hälfte des Stadtplatzes, wurde von 1640 bis 1643 gebaut.

Vor dem Südende des Platzes zweigt links vor dem *Torturm* („Innerer Inntorturm") eine Gasse ab. Sie führt zur *Stadtpfarrkirche St. Nikolaus.* Diese Kirche ist bereits 1251 urkundlich erwähnt. Sie wurde in der folgenden Zeit vielfach umgebaut. Ein kleines vierteiliges Gemälde (wohl eine Laienarbeit) an der Nordseite des Hauptschiffs zeigt sehr anschaulich den Neubau der Kirche, der 1769 bis 1775 nach Plänen des Trostberger Baumeisters Alois Mair erfolgte. Trotz der sehr reichen Dekoration (Deckengemälde, Kanzel, Hochaltar) ist vor allem der große, hallenartige Raum beeindruckend, der wie eine ins Gigantische gerückte Dorfkirche wirkt. Das Deckenfresko stellt in einer Fülle von Figuren Szenen aus dem Leben des *heiligen Nikolaus* dar (1771/72; von *Martin Heigl*).

Neben dem Haupteingang der großen Pfarrkirche steht die *Johanneskapelle,* die ehemalige Friedhofskirche. Der zweistöckige Bau aus dem 14. Jahrhundert verfügt über ein achteckiges Erdgeschoß und ein rundes Obergeschoß. Dem Ganzen wurde 1450 ein Turm vorgesetzt.

Im alten Salzburger *Kornkasten* (neben der Pfarrkirche), der in seiner originalen Bausubstanz (16. Jh.) erhalten ist, wurde 1981 eine der schönsten Bibliotheken Südbayerns eingerichtet; bei modernster Funktion blieb die ganze ursprüngliche Holzkonstruktion erhalten.

Etwas außerhalb der Altstadt, an der neuen Umgehungsstraße am Innufer, steht die schlichte, mit einem winzigen spitzen Turm versehene spätgotische *Katharinenkirche.* Diese eher ländliche Kirche mit einer Innenausstattung aus dem 18. Jahrhundert birgt im südlichen Seitenaltar die berühmte *Anna-Selbdritt-Gruppe* vom Ende des 16. Jahrhunderts.

Auf der anderen Seite der Altstadt, an der *Eichkapellenstraße* am Rand des Inn-hochufers gelegen, erhebt sich die *Maria-Eich-Kapelle,* ein Bauwerk aus der Zeit des späten Barock (1699).
Erwähnenswert ist auch das neue *Kreismuseum Lodron-Haus* mit dem Mastodon-Fund von 1971.

Nördlich von Mühldorf beginnt das waldreiche Hügelland des *Isengau* – er wird von dem moorigen Flüßchen *Isen* durchzogen, das gegenüber Neuötting in den Inn mündet. Charakteristisch sind die meist auf Anhöhen liegenden „Viereckhöfe" – mächtige, im geschlossenen Geviert gebaute Bauernhöfe, wie sie sich vom Isengau bis in den Unteren Chiemgau hinziehen.

🚊 München, Landshut, Passau, Burghausen, Salzburg, Traunstein, Rosenheim.

🏨 „Jägerhof", „Wetzel", „Rappensberger".

🍴 „Zur Post", „Bastei";. „Schwaigerkeller".

⚠ Friedrich-Ludwig-Jahn-Str. 19.

📷. – ⌣ beheizt.

Ausflüge:

1. Neumarkt-St. Veit (445 m, 5500 Einw., 🍴), 18 km über Rohrbach auf der B 299. Die Klosterkirche *St. Veit* ist die größte

Neumarkt-St. Veit

Kraiburg am Inn

gotische Kirche weitum. Die eigenartig vielfach abgesetzte Zwiebelhaube auf dem hohen Turm wurde von *Johann Michael Fischer* entworfen und 1765 aufgesetzt.

In Neumarkt steht die spätgotische Pfarrkirche *St. Johann Baptist.* Der Figurenschmuck (zum Teil in die in späterer Zeit errichteten Altäre einbezogen) stammt aus der Erbauungszeit der Kirche.

2. Kraiburg (15 km in südlicher Richtung über *Flossing* auf der östlichen Seite des Inn). Dieser ehemals bedeutende Markt, ein Stützpunkt der Innschiffahrt, war berühmt wegen seiner heute wiederaufblebenden Laienspiele. Im 11. bis 13. Jahrhundert war hier eines der für Altbaiern bedeutendsten Adelsgeschlechter ansässig, die Markgrafen von Kraiburg.

Reizvoll an dem Ortsbild ist die altertümliche quadratische Marktanlage mit alten Häusern und einem Brunnen. Jenseits des Inn, etwa 3 km von Kraiburg entfernt, liegt

Waldkraiburg (434 m; 22 500 Einw.); dieser Ort ist nach 1950 entstanden, als zahlreiche Heimatvertriebene hier in alten Munitionsbunkern Unterkunft fanden, und wurde 1960 zur Stadt erhoben. Der moderne Industrieort ist heute die zweitgrößte Stadt in Südostbayern.

🏨 „Am Stadtplatz", „Hachmann", „Parkhotel", „Berliner Bär".

🍴 „Bayerischer Hof". – ⚠.

⌣ Waldbad. – Tennisplätze, Squashcenter, Eisstadion.

Wir verlassen *Mühldorf* auf der *Bundesstraße 12* und kommen nach

Altötting, 90 km, siehe Seite 27.

Route 7: München – Erding – Haag (69 km)

Routenplan siehe Seite 52/53

Diese Route führt von *München* aus nach Osten, allerdings mit einem weiten Bogen in das flache, zum Teil sumpfige Land (*„Erdinger Moos"*) zwischen *Inn* und *Isar* hinein.

Wir verlassen *München* in Richtung *Erding* und kommen zunächst nach

Aschheim (510 m; 4200 Einw.; Hotel), 11 km. Dieser Ort ist eine der ältesten historischen Stätten in *Oberbayern*. Hier stand Ende des 7. Jahrhunderts eine Kirche, in der der *heilige Emmeram* begraben war, ehe er nach *Regensburg* übergeführt wurde. In Aschheim fand im 8. Jahrhundert eine bayerische Bischofsversammlung statt. 1936 wurden hier beim Neubau der Kirche Gräber mit Beigaben aus der Zeit um 700 gefunden.

Erding: „Schöner Turm"

Wir fahren weiter über *Pliening,* wo eine geräumige Landkirche aus dem 12. Jahrhundert steht, nach *Neufinsing* an einem künstlich angelegten Speichersee, dessen Umgebung Vogelschutzgebiet ist; hier beginnt das durch den umstrittenen Flughafenneubau von München bekannt gewordene *Erdinger Moos.* Die Route führt am *Mittelisarkanal* entlang über *Niederneuching* (barocke Kirche von 1693) nach

Erding (462 m; 24 000 Einw.), 34 km. Es ist eine wittelsbachische Neu- und Nebengründung der seit alter Zeit bestehenden Ansiedlung um den Königshof Ardeoingas, das heutige Altenerding. Dieser Königshof wurde Ende des 9. Jahrhunderts von König Arnulf dem Erzbischof von Salzburg geschenkt. Da hier aber der später wichtig gewordene Handelsweg Allgäu – München – Landshut vorbeiführte, gründeten die wittelsbachischen Herzöge um 1228 die neue Stadt Erding.

Die spätgotische Kirche *St. Johannes* ist ein Backsteinbau mit dreischiffiger Halle Landshuter Prägung. Im Innern befindet sich das berühmte „Triumphbogenkruzifix" von 1525 des bedeutenden Meisters der Donauschule *Hans Leinberger.* Die ursprünglich spätgotische Spitalkirche *Zum Heiligen Geist* wurde 1688 im Barockstil verändert und 1793 mit einem Altar versehen. Die 1675 auf älteren Fundamenten erbaute Wallfahrtskirche *Heilig Blut* ist mit reicher Stuckdekoration von 1704 und einer schönen Orgelempore ausgestattet. Aus dem 17. Jahrhundert stammt die ehemalige Residenz der Grafen von Preysing, die heute als

Rathaus dient. Von der Stadtbefestigung ist noch der *Schöne Turm* (15. Jh.; Haubenkuppel 1660–1664) erhalten.

In *Altenerding* steht die alte Pfarrkirche *Mariä Verkündigung,* ein Neubau im Rokokostil aus dem Jahr 1724. Die Kanzel, ein Werk des *Christian Jorhan,* erhebt sich aus einem geschnitzten Schiff, in dem *Christus* und *Petrus* sitzen.

⇇ Markt Schwaben – Erding.

⌂⌂ „Mayr-Wirt", „Münchner Hof".

⌂ „Schmidbauer", „Keltenhof".

◱. – ⌐ beheizt.

Von *Erding* aus machen wir in nordöstlicher Richtung (über *Langengeisling*) einen etwa 12 km langen Abstecher.

Nach 7 km kommen wir dabei nach dem zur Gemeinde *Fraunberg* (2500 Einw.) gehörenden

Reichenkirchen (461 m). Die Pfarrkirche *St. Michael,* 1725 im Stil des späten Rokoko erbaut, ist ein einheitlicher, durch ein auffallend breites, fünfschiffiges Langhaus ausgezeichneter Bau. Die reiche Innenausstattung (Hochaltar, Kanzel, Beichtstühle) wurde in den Jahren 1750–60 von dem berühmten Rokoko-Bildschnitzer *Christian Jorhan d. Ä.* hergestellt.

Nach weiteren 5 km erreichen wir

Thalheim (459 m), auch *Maria-Thalheim* genannt, das ebenfalls zu Fraunberg gehört, mit einer Wallfahrtskirche zu Ehren der *heiligen Maria.* Bemerkenswert an dieser Kirche ist die überaus prunkvolle und einheitliche Innenausstattung. Der Hochaltar wurde 1737 von *Franz Anton Mallett* geschaffen. Der Tabernakel, die Seitenaltäre, die Kanzel und der Orgelprospekt sind Werke des *Christian Jorhan d. Ä. Maria-Thalheim* ist ein Musterbeispiel des *bayerischen* Rokoko – sozusagen aus einem Guß. Die frei im Land stehende, isolierte Wallfahrtsstätte ist die Meisterleistung weniger, aber vorzüglicher Künstler, die ein einheitliches Stilkonzept verwirklichen konnten.

*

Von *Erding* aus führt die Route nach Osten über *Kirchasch* (mit spätgotischer Kirche *St. Martin*) nach *Dorfen*. Wer den Abstecher nach *Maria-Thalheim* gemacht hat, kommt auf einer Straße direkt in südlicher Richtung zur eigentlichen Route zurück. Wir treffen kurz nach *Kirchasch* auf die Straße, die etwa 1 km zuvor

Hörgersdorf (465 m; 500 Einw.) berührt. Die 1720−30 erbaute Rokokokirche *St. Bartholomäus* besitzt eine Innenausstattung im Stil des Rokoko, die dadurch besonders reizvoll ist, daß die Altäre organisch in die Gesamtdekoration einbezogen werden.

Mit dem Fluß *Isen* erreichen wir

Dorfen (464 m; 10 000 Einw.), 54 km, mit der Wallfahrtsstätte *Maria-Dorfen*. Der wohlproportionierte Bau aus den Jahren 1782−86 ist als einer der frühesten klassizistischen Bauten in Bayern bemerkenswert. Die Deckengemälde von *Johann Huber*, ebenfalls von 1786, stellen Szenen aus dem *Marienleben* dar.

⇔ München – Mühldorf.

Von *Dorfen* aus kann man auf zwei verschiedenen Wegen zur *Bundesstraße 12* zurückkehren und damit auf einem schönen, aber längeren Umweg (A) oder direkt (B) zum Endpunkt der Route gelangen.

A: ÜBER ROTTENBUCH

Man verläßt Dorfen in südlicher Richtung auf der *Bundesstraße 15*, biegt aber nach etwa 1,5 km nach links ab. Nach weiteren 9 km über *Schwindkirchen* erreicht man *Schwindegg* (464 m). Hier steht ein Wasserschloß, das 1594 im Renaissancestil für *Sebastian von Haunsperg* erbaut wurde.

Ein Abstecher führt zum nahegelegenen *Rottenbuch*, nicht zu verwechseln mit dem berühmteren, gleichnamigen Augu-

stiner-Chorherrenstift bei *Schongau*. Hier steht die Kirche *St. Johann Baptist;* dieser reiche romanische Gewölbebau aus den Jahren um 1230 ist für Bayern eine Seltenheit.

Von Schwindegg aus sind es dann noch 10 km bis *Oberheldenstein* (Einmündung der Straße in die *12*, von wo die Route 6 in Gegenrichtung bis Haag benutzt wird.

B: ÜBER ST. WOLFGANG

Folgt man von Dorfen aus in südlicher Richtung der *Bundesstraße 15*, so kommt man über *Armstorf* nach

St. Wolfgang (471 m; 2800 Einw.). 61 km. Hier befand sich ein Kollegiatstift, das erst 1733 von *Kurfürst Karl Albrecht* gegründet wurde. Es bestand nur bis 1803. Die Stiftskirche geht aber auf viel ältere Zeit zurück. Sie wurde 1430−67 erbaut und ist ein stilreines Muster spätgotischen bayerischen Kirchenbaus. Der danebenstehende Propst- und Dechantenhof wurde 1737 von *Johann Baptist Gunetzrhainer* erbaut.

In *St. Wolfgang* steht auch ein alter prächtiger Gasthof, das „Wirtshaus zum Schex", mit Kreuzgewölben, Erker und einer alten Balkendecke in der Gaststube.

Unfern von St. Wolfgang, etwa 7 km in westlicher Richtung, liegt *Isen* (siehe S. 52) mit der ehemaligen Klosterkirche St. Zeno.

Weitere 8 km auf der *Bundesstraße 15* in südlicher Richtung führen uns nach

Haag, 69 km, siehe Seite 52.

Isen: Stiftskirche

Route 8: München – Holzkirchen – Tegernsee (58 km)

Routenplan siehe Seite 61

Die Route führt uns in das Gebiet um den *Tegernsee*. Dieses Stück Altbayerns ist wegen seiner Tradition und der landschaftlichen Schönheiten sowie der vielen Sport- und Erholungsmöglichkeiten ein besonderer Anziehungspunkt.

Die Route beginnen wir in *München* und benutzen zunächst die *Bundesautobahn* nach *Salzburg,* die wir bei

Holzkirchen (667 m; 9400 Einw.), 28 km, verlassen. In diesem kleinen Markt steht die spätbarocke Pfarrkirche *St. Laurentius* (1711).

München – Lenggries/Tegernsee/Bayrischzell; Endstation S 2.

Über *Lochham, Warngau* – die Bundesstraße 472 *Bad Tölz – Miesbach* kreuzend – und *Dürnbach* erreichen wir den Tegernsee in

Gmund (735 m; 6400 Einw.), 44 km. Die barocke Pfarrkirche *St. Ägidius* (von *Lorenzo Sciasca* 1688 erbaut) enthält ein Hochaltargemälde von *Johann Georg Asam* und – an der Südseite des Altarraumes – ein vergoldetes Holzrelief „Der barmherzige Samariter" von *Ignaz Günther* (1763). Weitere schöne Ausstattungsstücke sind eine *Madonna mit Kind* (15. Jh.), zahlreiche Grabdenkmäler aus verschiedenen Jahrhunderten und ein Deckengemälde (1794) von *Alois Mörtinger.* In der *Mariahilfkapelle* befinden sich Holzfiguren (1635) von *Johann Gerbl.*

München – Gmund – Tegernsee.

„Herzog Maximilian", „Oberstöger", „Kistlerwirt", „Obermoarhof", „Gasteig", „Moosbachklause".

. – mehrere am Tegernsee.

Gmund liegt an der Nordspitze des Tegernsees. Der 6,5 km lange und 2,5 km breite See erreicht eine Tiefe von 72 m. Sein Wasserspiegel liegt 725 m hoch. Er erhält seine Zuflüsse (im Süden) durch *Rottach* und *Weißach,* die den See bei Gmund als *Mangfall* wieder verlassen und bei *Rosenheim* in den *Inn* fließen. Gepflegte Spazier- und Uferwege.

Im Gegensatz zum *Chiemsee* (siehe S. 37) verdankt der Tegernsee seine Entstehung zwar auch der Eiszeit, aber nicht dem Abschmelzen eines breiten Gletscherkuchens, sondern einem letzten Vorstoß einer schmalen Gletscherzunge, die dieses enge Seebecken zwischen den auslaufenden Kalkalpen gegraben hat.

Das Gebiet um den Tegernsee ist eines der bevorzugten, von München aus leicht und schnell zu erreichenden Wintersportgebiete. Es bestehen vielfältige Möglichkeiten zum Eislaufen; Rodelbahnen sind angelegt, für Skifahrer ist das ganze Gebiet durch Skilifte erschlossen. Jedoch bietet dieser Landstrich auch im Sommer Sportmöglichkeiten, vor allem natürlich am See, wo es an allen Uferorten Seebäder und Gelegenheiten zu Bootsfahrten gibt.

Von *Gmund* aus kommen wir, am westlichen Ufer des Sees entlang, nach

Bad Wiessee (735 m; 5000 Einw.), 50 km, einem eleganten Kurort mit Kurorchester, Golfplatz (18 Löcher) und Spielkasino.

Nächste Station Gmund (4 km).

„Lederer am See", „Haus Hubertus", „Terrassenhof", „Kurhotel Rex", „Kurhotel Wimerhof".

„Wiesseer Hof", „Am Kureck", „Askania", „Schnitzer", „Bellevue".

„Jägerheim", „Hochland".

. – zwei am Tegernsee.

Nach Umfahren des Südendes des Tegernsees kommen wir nach

Rottach-Egern (740 m; 6300 Einw.), 55 km. Beide der heute zu einem beliebten Fremdenverkehrsplatz zusammenge-

Rottach-Egern

wachsenen Siedlungen gehörten in den unmittelbaren Bereich des Klosters *Tegernsee*. Mitte des 19. Jahrhunderts haben die Maler der Münchner romantischen Schule mit dem bayerischen Oberland auch die Reize der damals stillen Bauerndörfer am Tegernsee entdeckt. Bald darauf setzte der Fremdenverkehr ein. Auch viele Prominente, darunter *Leo Slezak, Olaf Gulbransson, Ludwig Thoma, Ludwig Ganghofer, Hedwig Courts-Mahler,* hatten sich in dieser Landschaft für immer niedergelassen und sind hier – in Rottach-Egern oder Tegernsee – begraben.

Die *Pfarrkirche St. Laurentius* im Ortsteil *Egern*, ein gotischer Bau, der 1671/72 und 1707/08 im Barockstil umgestaltet wurde, enthält ein Hochaltarbild von *Johann Georg Asam* (1690).

Wildbad-Kreuth

🚲 Nächste Station Tegernsee (3 km).

🎿 Wallbergbahn, Sutten-Sessellift.

🏨 „Bachmair am See“, „Überfahrt“, „Vier Jahreszeiten“, „Landhaus Wallberg“, „Franzen“.

🏨 „Zur Post“, „Maier-Kirschner“, „Haltmair“, „Reuther“, „Berlin“, „Höss-Slezakhaus“.

⌂ „Hubertusschlößl“, „Wandinger“. – „Wallberghotel“, „Berghof Sutten“.

⚠ Scharling bei Kreuth. – 🔲 . – ⌐ .

Von *Rottach-Egern* aus führt eine gebührenpflichtige Straße zur *Valepp* (siehe S. 63).

Ausflüge:

1. Wallberg. Wir fahren von Rottach-Egern auf der Bundesstraße 307 ein Stück südwärts in Richtung Kreuth-Achenpaß, biegen aber schon vor Kreuth auf die *Wallbergstraße* ab. Diese gebührenpflichtige Bergstraße ist von Dezember bis März gesperrt. Sie führt uns bis zum bewirtschafteten *Wallbergmooshaus* (1113 m). Von dort aus gibt es herrliche, aussichtsreiche Spaziergänge, u. a. auf den Gipfel des *Wallbergs* (1722 m).

Unmittelbar am Beginn der Wallbergstraße ist die Talstation der Wallbergbahn, einer Seilschwebebahn mit viersitzigen Kabinen (2130 m lang, 827 m Höhenunterschied). Sie endet am Wallberghaus (⌂) unterhalb des Gipfels (1620 m).

2. Achenpaß (18 km). Wir verlassen Rottach-Egern zu dieser Fahrt ebenfalls auf der Straße B 307 südwärts nach *Kreuth*. So kommen wir in das tief bewal-

dete, wildreiche und romantische Weißachtal, das uns auf einer guten Straße durch den *Kurort Kreuth,* vorbei an *Wildbad Kreuth* (links an einer Abzweigung) und *Glashütte* bis zum *Achenpaß* bringt. Kurz hinter diesem 941 m hoch gelegenen Paß befindet sich die Staatsgrenze. Auch hier bietet sich die Möglichkeit zu zahlreichen Wanderungen durch die einsamen Wälder inmitten der majestätischen Bergwelt.

Kurz nach *Kreuth* zweigt links eine schmale Straße zur *Schwaigeralm* ab, die in ein einsames Seitental führt. Bis zur Gaststätte „Schwaigeralm“ (Wildspezialitäten) ist die Straße für Autos befahrbar. Etwa 25 Minuten Fußweg vom Parkplatz Schwaigeralm talaufwärts erreicht man einen Fütterungsplatz, wo im Winter täglich um 16 Uhr Hirsche gefüttert werden.

*

Blick auf Tegernsee und Wallberg

Von *Rottach-Egern* aus folgen wir nun wieder dem Seeufer, jetzt nach Norden, und erreichen nach kurzer Strecke als Haupt- und Endpunkt unserer Route den heilklimatischen Kurort

Tegernsee (732 m; 4750 Einw.), 58 km. Dieser Ort ist eine Ansiedlung, die um das alte Kloster entstand. Das *Kloster Tegernsee* hatte für die kulturgeschichtliche Entwicklung des bayerischen Raumes eine große Bedeutung.

Tegernsee wurde 746 von zwei Brüdern (*Adalbert* und *Otkar*) aus dem bajuwarischen Uradelsgeschlecht der *Huosi*, die mit den *Karolingern* verwandt waren, gegründet. Hierher wurden Benediktiner aus *St. Gallen* gerufen, die ihrerseits im Zuge der Kultivierungs- und Missionierungsarbeiten bald weitere Töchterklöster (z. B. *Ilmmünster* bei *Pfaffenhofen, Dietramszell*) gründeten. Unter Kaiser *Heinrich VI.* (1190–97) erhielt das Kloster die Reichsunmittelbarkeit. Die religiösen Impulse der beiden Reformäbte *Kaspar Ayndorffer* (1426–61) und *Konrad Airinschmalz* (1461–92) wirkten sich als *Tegernseer Reform* auf viele Klöster in Bayern aus. 1803 wurde dieses traditionsreiche Kloster säkularisiert. Wie alle Klöster in *Bayern,* und wie vorzugsweise die der *Benediktiner,* war Tegernsee stets um die Pflege von Kunst und Wissenschaft bemüht. Die Musikpflege des Klosters stellt einen wesentlichen Teil der bayerischen Musikgeschichte dar.

Nach der Säkularisation wurde ein Teil der Klostergebäude abgerissen; der Rest ist das heutige *Schloß Tegernsee.* Hier befinden sich jetzt eine Brauerei – ,,Herzogliches Brauhaus Tegernsee" – mit einem besuchenswerten ,,Bräustüberl", ein

Klosterkirche Tegernsee: Heilige Agatha

staatliches Gymnasium und das Heimatmuseum. Der ,,Rekreationssaal" ist in ursprünglicher Gestalt, mit Stukkaturen von *Johann Baptist Zimmermann,* erhalten. Gymnasium und Aula, ein Barocksaal mit Deckenfresko (Schloßkonzerte), wurden völlig renoviert.

Die ehemalige Klosterkirche stammt ursprünglich aus romanischer Zeit, wurde bereits in der Gotik und dann nochmals 1684–88 von *Antonio Riva* umgebaut. Die Fassade entwarf *Leo von Klenze* (1817). Sehr bedeutende bayerische Meister haben auch an der Innenausstattung mitgearbeitet, so *Johann Georg Asam,* der die Fresken in der Vorhalle (1689–1694) schuf. In den Seitenkapellen (links *St. Quirin,* rechts *St. Agatha und St. Florian*), die mit sehr schönen vergoldeten Stuckdekorationen versehen sind, stehen als Altarfiguren Arbeiten aus der Werkstatt *Johann Baptist Straubs.*

Das ehem. Königlich-Bayerische Amtsgericht wurde in ein *Haus des Gastes* umgestaltet.

Oberhalb des *Kurzentrums* liegt das *Olaf-Gulbransson-Museum* mit Werken des norwegischen Zeichners und Malers (1873–1958), der Tegernsee zu seiner Wahlheimat gemacht hatte. Vor ihm hatten sich schon der Heimatdichter Karl Stieler, der Erzähler Ludwig Ganghofer und der Schriftsteller Ludwig Thoma in Tegernsee niedergelassen – das behäbige *Thoma-Haus* mit dem seit dem Todestag (26. 8. 1921) unverändert gebliebenen Arbeitszimmer Thomas ist zugänglich.

&⇔ München – Holzkirchen – Tegernsee.

🏘,,Haus Bayern", ,,Aparthotel Residenz", ,,Bastenhaus am See".

🏨 ,,Zur Post", ,,Wienerwald", ,,Fischerstüberl am See", ,,Fackler".

🏠 ,,Ledererhof", ,,Alpbach-Schandl", ,,Lieberhof", ,,Haunker".

🖼. – ⌐.

Ausflüge:

Der aufgeschlossene Kur- und Ferienort Tegernsee ist bemüht, die vielen Wanderwege rund um den Ort stets in gutem Zustand zu erhalten. Beliebte Ausflugs- und Wanderziele sind: das *Große Parapluie* mit weiter Aussicht, der *Lieberhof,* das *Neureutherhaus* (Bergtour, 1264 m) und der *Riederstein-Galaun.* Motorboote sorgen für einen Personenverkehr zwischen den Orten am Tegernsee.

Route 9: Tegernsee – Schliersee – Bayrischzell (30 bzw. 65 km)

Diese Route führt uns mitten in das wohl beliebteste Skigebiet der bayerischen Alpen (*Spitzingsee, Sudelfeld* u.a.), aber auch an die vielbesuchten Ferien- und Erholungsorte am sowohl landschaftlich als auch kulturgeschichtlich interessanten *Schliersee.*

Wir beginnen die Route in *Tegernsee* (siehe S. 60), das wir in nördlicher Richtung verlassen; man folgt dem Seeufer auf der *Bundesstraße 307.* Über *St. Quirin* (mit einer spätgotischen Kapelle über einer petroleumhaltigen und für wunderkräftig gehaltenen Quelle) erreichen wir die Abzweigung, die uns in östlicher Richtung nach

Hausham (760 m; 7800 Einw.; Gasthöfe), 12 km, bringt. Der früher bedeutende Pechkohlenabbau des Ortes wurde eingestellt.

*

In *Hausham* erreicht die Straße die Route, auf der man von München aus in das beschriebene Gebiet fahren kann. Man geht dort auf die Autobahn nach *Salzburg,* die man bei *Weyarn* verläßt. 1 km hinter der Autobahnausfahrt liegt hoch über dem *Mangfalltal*

Weyarn (670 m; 2650 Einw.), 32 km, mit ehem. Augustiner-Chorherrenstift, 1133 gegründet, 1803 aufgehoben, das durch seine Stiftskirche *St. Peter und Paul* (1687–93) berühmt ist. Sie enthält Stukkaturen und Deckengemälde von *Johann Baptist Zimmermann* und sieben Plastiken von *Ignaz Günther.* Zu den berühmtesten dieser Bildwerke gehören: die *Verkündigung Mariä* (links neben dem Triumphbogen), die großen Putten am dritten Altar der Südseite, die *Pietà,* die *Maria Immakulata* in der Sakristei. (*Außerhalb der Gottesdienstzeiten ist die Kir-*

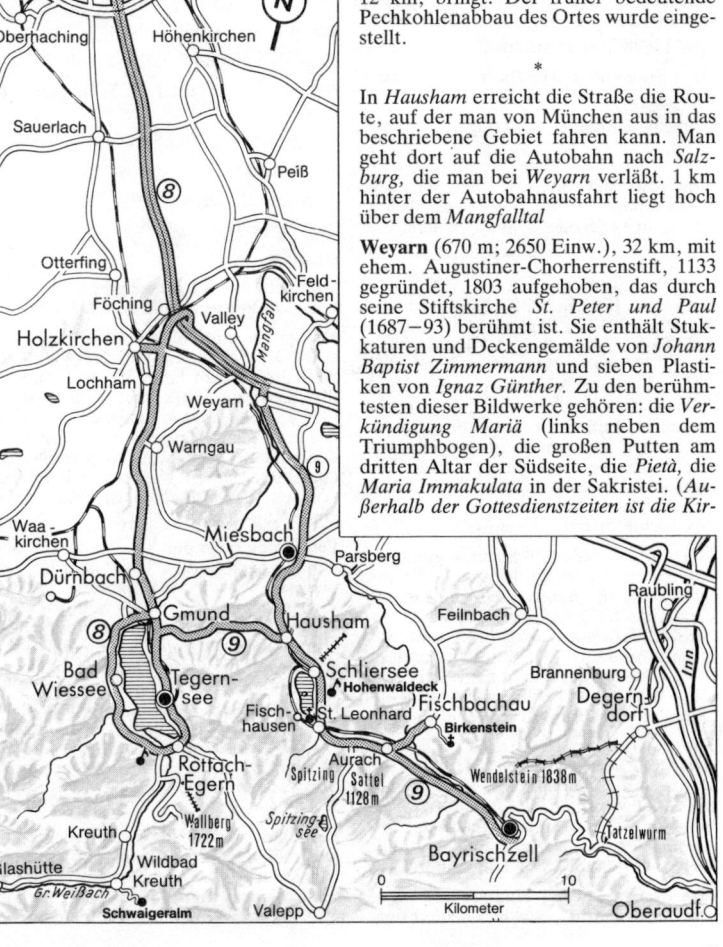

che geschlossen, Schlüssel im Pfarrhaus erhältlich.)

Die Route führt weiter nach

Miesbach (697 m; 9200 Einw.), 42 km. Diese heutige Kreisstadt gehört erst seit 1734 zu Bayern. Vorher war sie der Mittelpunkt der reichsunmittelbaren Herrschaft *Hohenwaldeck*, die das ganze Gebiet um den *Schliersee* umfaßte. Die Pfarrkirche *Mariä Himmelfahrt*, ursprünglich spätgotisch und 1783 nach einem Brand wiederaufgebaut, birgt Bildwerke von *Roman Anton Boos* (Kruzifix; 1783) und *Johann Millauer* (Schmerzensmutter; 1665). Die Miesbacher Tracht gilt als Prototyp der bayerisch-alpenländischen Tracht (Trachtenfeste). Heimatmuseum im Feuerhaus. Kunsteisstadion.

⇄ München – Bayrischzell.

🏠 ,,Sonnenhof Harzberg", ,,Wendelstein".

🍴 ,,Schweinthal", ,,Waitzinger".

⌂ beheizt.

Von Miesbach aus erreichen wir nach 5 km *Hausham* und somit Anschluß an unsere in Tegernsee begonnene Route.

*

Schliersee (784 m; 6300 Einw.), 14 (ab München 49) km, liegt am gleichnamigen See. Er ist 2,5 km lang, 1,2 km breit und bis zu 37 m tief. Seine Oberfläche liegt 777 m hoch. Er wird durch viele kleine Bäche von allen Seiten gespeist und hat seinen Abfluß nach Norden durch die *Schlierach*. Entstanden ist der See – wie der Tegernsee – aus einem letzten Vorstoß eines schmalen Eiszeitgletschers, der die Seemulde zwischen den Bergen ausgeschliffen hat.

Um ein ehemals am Seeufer gelegenes Kollegiatstift entwickelte sich der Markt Schliersee, der heute außer der eigentlichen Ortschaft noch die Ortsteile *Fischhausen, Neuhaus, Josephstal* und *Spitzingsee* umfaßt. Der hübsche und gepflegte Markt mit seinen zum Teil prächtigen Bürger- und Bauernhäusern ist ein Fremdenverkehrszentrum geworden.

Die Pfarrkirche *St. Sixtus* (1712–14 an der Stelle einer älteren Kirche erbaut) wurde von *Johann Baptist Zimmermann* mit Stuck versehen; sie enthält (über der Sakristeitür) mit einer *Schutzmantelmadonna* des *Jan Polack* ein wertvolles Denkmal spätgotischer Tafelmalerei.

Das *Rathaus* an der Hauptstraße ist der alte herrschaftlich waldeckische Pflege-

hof. Im spätgotischen ,,Schrödelhaus" ist jetzt das *Heimatmuseum* untergebracht. Das einst berühmte *Schlierseer Bauerntheater* beim *Terofal* wurde 1967 nach längerer Pause wieder eröffnet.

Der Kurort Schliersee verfügt außer seinem *Sixtus-Kurbad* über ein Kurzentrum mit Hallenbad und Sauna.

Auf einem kleinen Hügel über dem Ort (in 5 Min. zu Fuß zu erreichen) steht die *St.-Georgs-Kapelle auf dem Weinberg* (1606), ein stimmungsvolles Kirchlein in aussichtsreicher Lage mit einem freistehenden Triumphbogen-Altar mit einer Reiterfigur, die den Heiligen als Drachentöter darstellt. (*Die Kapelle ist nicht immer zugänglich.*)

⇄ München – Bayrischzell.

🚠 Schliersbergalm-Kabinenbahn.

🏠 ,,Schliersee-Hotel", ,,Schlierseer Hof am See".

🏠 ,,Reiter", ,,Bilek", ,,Terofal".

⌂ ,,Zur Post", ,,Alpenrose".

⚠ Josefstal. – ⚠.

▱. – Vier ⌂.

Ausflüge:

Rund um den Schliersee gibt es viele reizvolle Wanderwege und Ausflugsziele.

Besonders empfehlenswert ist eine Fahrt vom Ort Schliersee mit der Kleinkabinenbahn (820 m lang; 230 m Höhenunterschied) zur Schliersbergalm (1061 m). Das ehemalige Hotel existiert allerdings nur noch als Restaurant. Die Alm hat jedoch nichts von ihrer Anziehungskraft eingebüßt, sie ist wegen der herrlichen Aussicht bekannt. Neu ist eine 1000 m lange Rutschbahn ins Tal.

Die Straße führt nun am Ostufer des Sees entlang nach Süden. Über dem Ufer erhebt sich auf einem Vorsprung des *Leitnerberges* die Ruine des Schlosses *Hohenwaldeck*, des Stammsitzes der reichsunmittelbaren *Grafen von Hohenwaldeck*, denen das Gebiet um den Schliersee bis 1734 gehörte. Unmittelbar rechts neben der Straße steht nahe dem Ortsteil *Neuhaus-Fischhausen* die Wallfahrtskirche *St. Leonhard*. Sie ist eine reine Barockkirche (1670) mit mustergültigen Stuckdekorationen der Miesbach-Schlierseer Schule.

Kurz hinter Neuhaus zweigt rechts eine ausgezeichnete Bergstraße ab, auf der wir einen Abstecher machen. Nach aussichtsreicher Fahrt erreichen wir den *Spitzingsattel* (1128 m); von hier führt eine (für Kfz gesperrte) Abzweigung zur *Oberen* und *Unteren Firstalm*. Die ausgebaute Straße endet nach einem Tunnel am

Spitzingsee (1085 m). Dieser 1 km lange Bergsee ist der Mittelpunkt eines sehr beliebten und schneesicheren Skigebiets, aber auch der Ausgangspunkt für viele Wanderungen und Bergpartien (Stümpfling, Bodenschneid, Rotwand u. a.). Der Spitzingsee wird auch für den Eissport genutzt.

⛽ Taubenstein-Kabinenbahn; Stümpfling- und Suttenbahn-Lifte.

⌂,,Spitzingsee".

⌂ ,,Jagdhof", ,,Gundl-Alm", ,,Postgasthof und Seecafé St. Bernhard".

⏛ ,,Obere Firstalm", ,,Willy-Merkl-Haus", ,,Polizeiheim".

Ab *Spitzingsee* ist die Straße gebührenpflichtige Forststraße (von Dezember bis April gesperrt). Sie führt zur *Valepp* hinunter. Die hier fließende *Rote Valepp* läuft nach Tirol und mündet bei *Rattenberg* in den *Inn*. Das *Forsthaus Valepp* liegt 892 m hoch. Von hier aus führt die Straße wieder nach Nordwesten und erreicht über den *Wechsel* nach 18 km *Rottach-Egern* (siehe S. 58).

Wir kehren nun wieder zur B 307 zurück, die von *Schliersee* nach *Bayrischzell* führt. Nach 2,5 km zweigt bei *Aurach* eine Straße links ab (2,5 km) nach

Fischbachau (778 m; 4700 Einw.), 26 (61) km. Die romanische Pfarrkirche *St. Martin* (11. Jh.) erhielt ihre jetzige Gestalt durch den letzten Umbau 1705 bis 1765. Die Deckenfresken stellen die Legende des *heiligen Martin von Tours* dar; über dem Hochaltar ein reizvoll komponiertes Engelkonzert.

Neben der weithin auffallenden in barockem Gelb getünchten Pfarrkirche steht die sogenannte *Alte Pfarrkirche*, die Friedhofskapelle *Mariä Schutz*, die 1087 erbaut und 1630 und 1695 umgestaltet wurde.

🚇 München – Schliersee – Bayrischzell.

Fischbachau: ⏛ ,,Maximilian", ,,Marbach", ,,Mairhofer", ,,Breitenstein", ,,Zur Post". – *Birkenstein:* ⌂ ,,Kramerwirt"; ⏛ ,,Oberwirt", Berggasthof Kesselalm", ,,Alte Bergmühle", ,,Pilgerstuben". – △. – ▵.

Von der Ortsmitte *Fischbachau* geht eine etwa 1,5 km lange Straße zur Wallfahrtskirche *Birkenstein*. Diese wurde 1709 bis 1710 nach dem Vorbild der *Santa Casa*

von Loreto erbaut und um 1760 mit Verbildlichungen der *Lauretanischen Litanei* ausgestattet.

Von *Fischbachau* kehren wir nach *Aurach* zurück und biegen wieder links in die B 307 ein, die uns durch das schöne *Leitzachtal* nach

Bayrischzell (800 m; 1600 Einw.), 30 (65) km, bringt. Es gehört heute zu den beliebtesten Fremdenverkehrsorten Oberbayerns und ist Mittelpunkt eines guten Skigebietes mit zahlreichen Liften. Trotzdem ist Bayrischzell ein echtes, gemütliches bayerisches Dorf geblieben. In den Sommermonaten finden die Feriengäste ein weitverzweigtes Netz gepflegter Wanderwege vor. Bayrischzell ist im 11. Jahrhundert aus einer Klosterzelle entstanden. Zu seiner Entwicklung haben die schöne Tallage zwischen *Wendelstein* (1840 m) und dem *Großen Traithen* (1853 m), vor allem aber die Erschließung des weiten Wander- und Skigebiets am *Sudelfeld* viel beigetragen.

Die ehemalige Klosterkirche und heutige Pfarrkirche *St. Margaretha* in Bayrischzell ist ein romanischer Zentralbau. 1734 wurde die Kirche unter Verwendung eines spätgotischen Turms wesentlich umgebaut und um 1786 erweitert. Im Kupfelfresko ist die *Margarethenlegende* und die Gründung des Klosters dargestellt. Der Hochaltar stammt aus dem 17. Jahrhundert, sein oberer Teil aus dem 18. Jahrhundert. Die Stuckkanzel wurde um 1740 von *Thomas Glasl* geschaffen.

🚇 München – Schliersee – Bayrischzell.

⛽ Wendelstein-Großkabinenbahn; Sudelfeldlifte I und II, Rosengasselift.

⌂,,Zur Post", ,,Meindelei", ,,Schönbrunn".

⌂ ,,Deutsches Haus", ,,Alpenrose", ,,Wendelstein", ,,Effland", ,,St. Lukas-Stuben", ,,Kaminstub'n". – ,,Rote Wand", Geitau.

△. – ▵ beheizt.

Von *Bayrischzell* aus führt eine ganzjährig befahrbare Alpenstraße über den *Ursprungpaß* (849 m) nach *Tirol* (*Thiersee – Landl – Kufstein*).

Die B 307 führt weiter zu dem berühmten Skigebiet des *Sudelfels* (1100−1500 m; 2 ⏛), zum *Tatzelwurm* (764 m; ⏛) und von dort hinunter ins *Inntal*, entweder durch das *Auerbachtal* nach *Oberaudorf* oder durch das *Förchenbachtal* (gebührenpflichtig) nach *Brannenburg* (siehe S. 44).

Register

Achenpaß 59
Altenhohenau 47
Altenmarkt 49
Altötting 27
Amerang 48
Anzing 52
Aschheim 56
Attel 42
Au am Inn 53
Au bei Rosenheim 44
Aufham 39

Bad Aibling 43
Bad Reichenhall 33
Bad Wiessee 58
Baumburg 49
Bayrischzell 63
Berchtesgaden 18, 34
Beyharting 43
Birkenstein 63
Bischofswiesen 34
Brannenburg-
   Degerndorf 44
Burghausen 25, 30

Chieming 39
Chiemsee 37

Degerndorf 44
Deinting 51
Dorfen 57

Ebersberg 47
Egern 58
Erding 56
Erlstätt 39

Feichten 51
Feldkirchen 52
Firstalm 63
Fischbachau 63
Flintsbach 45
Frauenchiemsee 41
Freilassing 32

Gars 53
Gmund 58
Gollenshausen 40
Grassau 36
Griesstätt 48
Großholzhausen 44
Gstadt 40

Haag 52
Haar 47
Haberland 32
Hausham 61
Herrenchiemsee 40
Hintersee 35

Hohenaschau 40
Hohenlinden 52
Holzkirchen 58
Hörgersdorf 57

Inzell 35
Isen 52
Ising 39

Jenner 21

Kampenwand 40
Kehlsteinhaus 21
Kiefersfelden 46
Kirchasch 57
Kirchseeon 47
Kirchweidach 51
Königssee 21
Kraiburg 55
Kreuth 59
Kunterweg 20

Laufen 31

Maria Gern 20
Marktschellenberg 34
Marquartstein 36
Marzoll 33
Maxlrain 42
Miesbach 62
Mühldorf a. Inn 54

Neufinsing 56
Neuhaus-Fischhausen 62
Neumarkt-St. Veit 55
Neuötting 29
Niederaschau 40
Niederaudorf 45

Oberaudorf 46
Oberbuch 51
Obersalzberg 20
Obing 48
Ostermünchen 42

Partenstein 50
Petting 31
Pliening 56
Prien 40

Rabenden 49
Raiten 36
Raitenhaslach 26
Ramsau 34
Reichenhall 33
Reichenkirchen 56
Reisach 45
Reit im Winkl 36

Rosenheim 44
Roßfeld 21
Rott am Inn 42
Rottach-Egern 58
Rottenbuch 57
Ruhpolding 35

Sachrang 40
Salzburg 32
St. Georgen 50
St. Quirin 61
St. Veit 55
St. Wolfgang 57
Schleching 36
Schliersbergalm 62
Schliersee 62
Schwaigeralm 59
Schwarzlack-Kapelle 45
Schwindegg 57
Seebruck 39
Seeon 48
Spitzingsee 63
Stein an der Traun 50
Stock 40
Stöttham 39
Sudelfeld 63
Surheim 32

Thalheim 56
Tatzelwurm 45, 63
Tegernsee 60
Thalheim 56
Tittmoning 30
Törring 31
Traunstein 38
Trostberg 50
Tuntenhausen 42
Tyrlaching 51

Unterwössen 36
Urschalling 40
Ursprungpaß 63

Valepp 63
Vogtareuth 48

Waging 31
Waldkraiburg 55
Wallberg 59
Wasserburg 22
Weilham 31
Weilhart-Forst 26
Wendelstein 45
Weyarn 61
Wiessee 58
Wildbad Kreuth 59